最实用的交通百科

ZUI SHIYONGDE JIAOTONG BAIKE

墨 人◎主编

吉林出版集团股份有限公司

图书在版编目（CIP）数据

最实用的交通百科 / 墨人主编. -- 长春:吉林出
版集团股份有限公司，2011.11
（读好书系列）
ISBN 978-7-5463-6940-2

Ⅰ. ①最… Ⅱ. ①墨… Ⅲ. ①交通—青年读物 ②交通
—少年读物 Ⅳ. ①U-49

中国版本图书馆 CIP 数据核字（2011）第 219593 号

最实用的交通百科
ZUI SHIYONG DE JIAOTONG BAIKE

主　　编　墨人
出 版 人　吴　强
责任编辑　尤　蕾
助理编辑　杨　帆
开　　本　710mm×1000mm　　1/16
字　　数　100 千字
印　　张　10
版　　次　2011 年 11 月第 1 版
印　　次　2022 年 9 月第 3 次印刷

出　　版　吉林出版集团股份有限公司
发　　行　吉林音像出版社有限责任公司
地　　址　长春市南关区福祉大路5788号
电　　话　0431-81629667
印　　刷　河北炳烁印刷有限公司

ISBN 978-7-5463-6940-2　　　　　定价:34.50 元

前言

QIAN YAN

交通对现代人来说并不陌生，我们身边的地铁、汽车、公交车、自行车、火车、轮船和飞机等都是一些最普遍的交通工具。但是，在这些交通工具发明之前，我们的祖先是通过什么方式来进行交通运输的？自行车是谁发明的？汽车最早就是四个轮子吗……带着这些问题，编者编写了这本《最实用的交通百科》。

交通是随着人类生产和生活的需要而发展起来的。在人类远古时期，双脚行走是当时最基本的，也是唯一的交通手段，肩挑手提、拖抬扛背是当时基本的运输方式。这种纯粹人力的交通时代一直持续到车马的出现。最早的车，大概出现于5 500年前，是由生活在西亚美索不达米亚平原的苏美尔人发明的。我国历代皇帝乘坐的车辇、欧洲贵族的马车，虽然漂亮而奢华，但进入19世纪后，汽车、火车制造技术的日益完善及其在交通运输中的普及，终于使曾经辉煌一时的马车逐渐黯淡下去。人类从此揭开了现代化"动力交通时代"的序幕。飞机的发明与应用，使人类摆脱了水陆交通的局限，实现了遨游天空的梦想。21世纪，飞机的发展主要在于电子控制技术的普及、紧急情况的自动化处理及地面指挥、导航技术等方面的突破。至于航天飞机、太空飞船等新的交通形式，无疑是未来发展的必然趋势。

编者编排的这本《最实用的交通百科》共分为交通工具、交通运输和交通管理三章。从慢悠悠的牛车到现代化的汽车，从简单的独木舟到豪华游轮，从无动力的滑翔机到探索宇宙的航天飞机；天上飞的、地上跑的、水中游的，无所不及。同时，本书还介绍了从古到今的交通设施，现代化的交通管理系统。本书力求语言简洁，内容丰富，再加上精美图片的映衬，使读者有更直观的感受。衷心希望本书对读者有所帮助的同时，能大大提高读者的文化底蕴。当然，也恳请读者对于书中不足之处批评指正，以期编者不断加以改进。

编者

第一章 交通工具

MULU

目　录

第三章　交通管理

第一章 交通工具

　　交通工具是现代社会生活中不可缺少的部分。它的特性决定了居民的出行距离、可达性和方便程度，通过对居民出行活动的影响，间接作用于城市空间形态。

　　随着时代的变化和科学技术的进步，我们周围的交通工具越来越多，给每个人的生活带来了极大的方便。陆地上的汽车、海洋里的轮船、天空中的飞机都大大缩短了人们交往的距离。火箭和宇宙飞船的发明，使人类探索另一个星球的理想成为现实。也许不远的将来，我们可以到太空中旅行观光，我们的孩子可以到另一个星球观察学习。

　　在这里，我们将交通工具分为陆上交通工具、水上交通工具、轨道交通工具、空中飞行器和宇宙飞行器。

陆上交通工具

我国古代的陆上交通工具主要是车。在车出现以前,原始人利用滚柱脱离了大件物品双手搬运的辛劳,是车最早的雏形。《左传·定公元年》中写道:"薛之皇祖奚仲,居薛,以为夏车正。"这是中国关于车的最早记载。直到现在,聪明的人们制造出各种各样的新型多功能车种,对交通事业的发展起到了至关重要的作用。

● 商朝时期的车

● 商朝车俑

独辀车

先秦时期,车分为立乘车与坐乘车两种类型。立乘车与坐乘车的最大区别在于车舆(车厢)形制不同。立乘车车舆浅小,呈横长方形,置于车轴之上,四周围以栏杆,后留缺口而无车门,上不封顶,只立车盖。坐乘车的车舆宽广,呈纵长方形。独辀车在经历了始创、完善、极盛几个发展阶段之后,在秦、西汉初期便逐渐衰落,随着双辕车的崛起,终于为岁月所湮灭。独辀车属于我国商朝时期的车,车的实物,在河南安阳殷墟先后发现了 18 辆。从这 18 辆车可以看出,商朝的车子都是独辀(车辕,车前驾牲口的横木),辀的后端压在车厢下的车轴上,辀尾稍露在车厢后,前出车厢部分逐渐向上扬起(商初上翘平缓,以后弧度渐大)。车厢平面为长方形,面积较小,一般为 0.8 米×1.3 米,通常可立乘两三人,车厢后面留有缺口或开门,以便于乘者上下车。衡(车辕头上套牲口的横木)多为长 1 米左右的直木棒,衡的两侧各缚一"人"形轭(驾车

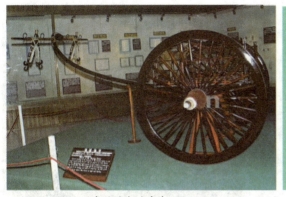

时套在牲口脖子的曲木），用以架马。轮的辐条多为18根。商代的车大多为两马驾车，至商末周初始见四马驾车。商朝造车技术已相当成熟，基本上具备了汉以前独辀车结构的大致轮廓。在其后的1000多年中，独辀车虽然多有改进和发展，但从总体结构上讲，还没有突破商朝独辀车的形制。

周朝的车

　　西周、春秋战国时期的车从形制上看，与商朝的车基本相同，在结构上有所改进，如直辕变曲辕，直衡改曲衡，辐数增多，舆上安装车盖。在车马的配件上也更加完备，增加了许多商车上没有的零部件，如铜銮（铃）等。为求坚固，在许多关键部位都采用了铜构件，如变木辖为铜辖，轭上包铜饰，并有一套用铜、铅、金、银、骨、贝和兽皮等材料制成的饰件和鞴具（鞍辔的统称），制作精美，名目繁多。周朝的车驾车的马也由商车的两匹增加到三匹、四匹、六匹。车驾两马的叫"骈"，驾三马的称"骖"，驾四马的名"驷"，其中驾辕的两马叫服马，两旁拉车的马叫骖马，驾六马为"六骈"。周朝的车以驾四马为常。在周朝，马车不仅是王公显贵出行游猎时代步和炫耀身份的工具，还是战争中主要的"攻守之具"。拥有战车数量

的多寡，成为当时衡量一个国家强弱的标志，有所谓"千乘之国""万乘之君"之说。为了增强军事力量、赢得战争，各国都把先进技术运用到制造战车上，于是各类战车应运而生。

双辕车

　　西汉武帝以前，独辀车尚与双辕车并存，至西汉中晚期，双辕车逐渐普及，东汉以后便基本上取代了独辀车。双辕车的结构，除辕变为两根外，其他各部位与独辀车基本相同。汉朝的双辕车因乘坐者地位高低和用途不同，细分为若干种类，有斧车、

辌车、施轓车、轩车、輧车、辒车、栈车等。斧车,也称轻车,是一种仪仗车,因舆中间竖立一柄大钺斧而得名。县令以上的官吏,出行时都乘坐斧车,用以壮威仪、明身份。辌车,是一种轻便快速的小马车。施轓车,是一种由辌车发展来的马车,所谓"施轓",即在车舆两侧加置长条形板状物,板的上沿向外翻折,用以遮挡车轮卷起的尘泥。施轓车是中、高级官吏出行时乘坐的轻快主车。为体现等级差别,当时规定俸禄六百石至一千石的官吏,可以将左边车轓涂成红色,俸禄两千石的官吏可以左右两轓都涂成红色。轩车,是供三公(西汉的丞相、太尉、御史大夫;东汉的太尉、司徒、司空)和列侯乘坐的轻便马车,车舆两侧用漆或加皮饰的席子作为障蔽。輧车,一种带帷幔的篷车,多为妇女乘坐,双辕单马,方形车舆,四面施以帷幔,车盖硕大,且四边稍稍上卷,呈盔帽形顶。车门改在前面,舆内仅容一人,御者坐在车舆前的轼板上驾驶。輧车在汉代是极为舒适而又装饰华丽的高级马车,专供贵族妇女乘坐。栈车既能载人又能拉货,为民间运货载人之车,这种车为当时地主、商人所大量使用。

18 世纪的牛车

牛车

牛车自古就有,因牛能负重但速度慢,所以牛车多用以载物。其车厢宽大,又称大车、方厢车。牛车最初是商贾用来载货贩运的运输车。在崇尚马车、以马车明尊卑的时代,乘牛车被视为"卑贱"的事。汉以后,人们坐车不求快速,但求安稳,直辕的优点渐渐显出,直辕车也开始盛行,而曲辕车被渐渐淘汰。到南北朝时期,牛车日益风行。北魏皇帝出行时乘坐的大楼辇,要"驾牛十二"。可见北朝使用牛车之盛,比两晋有过

东汉壁画中的白盖辌车

之而无不及。当时统治者乘坐的高等牛车主要有"通幰牛车"和"偏幰牛车"两种,其中又以前者地位最高。"偏幰",即牛车的帷幔只遮住车的前半部。这两种车在帷幔底下还有车棚,棚一般有檐,早期的檐浅,至唐代,棚檐已变得很深,称为"长檐车"。通幰牛车双辕双轮,车厢形似太师椅,有卷席篷顶,其上覆盖一张大帷幔。至宋代,通幰牛车的长方形车厢上立棚,呈封闭状。车门设在后边,垂遮帷帘。棚前和两侧开有棂格窗。棚顶呈拱形,前后出长檐。棚顶四角各

立一柱,四柱上支撑一张大帷幔。帷幔绣以梅花图案,四周边垂缀丝穗,极为华丽。御车人扶辕步行, 主人则坐卧于高大严密的车棚内,逍遥自在。偏幰牛车的形制也是双直辕驾一牛,棚顶前施一帷幔,遮住车的前半部。除这两种高等牛车外,还有一种立棚但不施幰的牛车,这类牛车属于"油幢车",为一般官吏或地主所乘坐。民间所用的牛车,多是无棚的"柴车"。

独轮车

在西汉末东汉初,独轮车出现。独轮车俗称"手推车",是一种轻便的运物、载人工具,特别是在中国北方,几乎与毛驴起同样的作用。独轮车,车轮为木质,有大有小。小者车盘平,大者高于车盘,将车盘分成左右

● 坐独轮车的妇女

● 独轮车

● 汉代独轮车

两边,可载物,也可坐人,但两边必须保持平衡。在两车把之间,挂"车绊",驾车时搭在肩上,两手持把,以助其力。独轮车一般为一人往前推,但也有大型用以载物的独轮车,前后各有双把,前拉后推。中国的独轮车,除有人推畜拉,更有在车架上安装风帆以利用风力推车前进的发明。这种车称为"加帆车",大约创制于 5 世纪。在狭窄的路上运行,独轮车的运输量比人力负荷、畜力驮载大过数倍。这种车既可以在乡村田野间劳作,又可以在崎岖小路和山峦丘陵中行走。

指南车

指南车,据传西周时就已发明,但最早的确切记载在三国时期。指南车用一辆双轮独辕车组成,由马来拉动。车厢内采用一种能自动离合的齿轮系。车厢外壳上层,置有一个木刻的仙人, 无论车朝哪个方向转弯,它的伸臂都指向南方。指南车制造的时候主要采用差动齿轮的机械原理。车里面装有 9 个大小不同的齿轮,当两个齿轮拼合在一起时,一个齿轮向右转,另一个便相反地向左转。利用这个道理,可以使指南车上木人的那只手指向南方;当车轮向东转时, 有的齿轮就反

指南车

记里鼓车

东汉轩车画像砖

转,使手仍保持向南。所以,不管车轮怎么转,手指可以永远指向南方。指南车的构造大体是:车中水平地安装着一个大平轮(有48个齿),其中心竖一长轴,上面立一个木雕仙人。车轮直径2米,两轮间的距离也是2米。两个车轮内侧各装有一个小齿轮(有24个齿)。它们能随着车轮一起转动。在大平轮和小齿轮之间的空隙上方各悬着一个小平轮(有12个齿),悬挂小平轮的绳子的另一端系在车辕的后端。

记里鼓车

记里鼓车即自动车。记里鼓车的基本原理和指南车相同,也是利用齿轮机的差动关系。记里鼓车发明于西汉初年,外形为一辆车子,车上设两个木人及一鼓一钟,木人一个击鼓,一个敲钟。车上装有一组减速齿轮,与轮轴相连。车行500米时,控制击鼓木人的中平轮正好转动一周,木人便击鼓一次;车行5 000米时,控制敲钟木人的上平轮正好转动一周,木人便敲钟一次。坐在车上的人只要聆听这钟鼓声,就可以知道已行了多少路程。这种机械装置的科学原理与现代汽车的里程表基本相同。

轿子

旧时轿又称"肩舆""平肩舆"。最早的肩舆像一个车厢,缚上两根长竿,上面坐人,放在肩上抬行,为一种代步工具。后来,出现了以手抬高与腰齐的腰舆,以攀挽竿负行的攀舆和半抬半拉的挽舆,等等。轿子,在种类上,有官轿、民轿、喜轿、魂轿等不同种类;在使用上,有走平道与走山路的区别;在用材上,有木、竹、藤等之分;在方式上,有人抬的和牲口抬的,有骆驼驮的"驼轿",元代皇帝还坐过"象轿"。"骡驮

轿"，是"骡抬轿"的谐音，是清末民初流行过的交通工具。轿子是用两匹骡子前后抬着的，轿杆固定在骡背鞍子上，轿夫跟着边走边吆喝。轿内可坐人，大轿可坐 3～4 人，轿外夏季包苇席或蒙纱，冬季则包棉围子。骡驮轿多用于山区或乡间崎岖小路。

辂车

辂车是中国皇帝出行时乘坐的豪华车，分大辂、玉辂、金辂、象辂、革辂、木辂。周代形成定制，后代形制上有一些变化，一直沿用到明清。辂车在殷周时期称大辂，此时的辂车属单辕双轮，中间的车厢称舆，呈长方形。洪武初，定大辂车一乘，高一丈三尺九寸五分（约 4.6 米），阔八尺五分（约 2.6 米）。辂上平盘前后，车栿并雁翅及四垂如意滴珠板，其下辕二条，皆为朱红漆，各长二丈二尺九寸五分（约 7.6 米），用镀金铜龙头、龙尾、龙鳞叶片装订，前施红油，搭攀皮一条。平盘下方，厢四面朱红漆，匡各十二隔，内饰绿地描金，绘兽六，即麟、狮、犀、象、马、鹿，又绘禽六，即鸾、凤、孔雀、朱雀、雉、鹤。盘左右下有护泥板，车轮二，贯轴一，每轮辐十八条，辋全是朱红漆，抹金铜在叶片装订。辂亭高六尺七寸九分（约 2.6 米），四柱长五尺八寸四分（约 1.9 米），槛座高九尺五分（约 0.3 米），皆朱红漆，前二柱戗金，柱首宝相花，中云龙文，下龟文。锦门高五尺一寸九分（约 1.7 米），阔二尺四寸九分（约 0.8 米），左右门各阔二尺二寸五分（约 0.7 米）。前面和左右各有朱红漆槅扇二，后是朱红漆屏风，上雕沉香色描金云龙五。亭内设朱红漆匡软座，上施花毯、锦褥等。朱红漆座椅一把，靠背雕沉香色描金云龙。亭外用青绮缘边朱红帘十一扇。辂顶并圆盘三尺一分（约 1 米），顶戴仰覆莲座高一尺二寸九分（约 0.4 米），以青饰辂盖。亭

● 清朝官员乘坐的八抬大轿

● 拜占庭贵族妇女乘坐的轿子

● 骑大象的印度王公

7

内周围贴金,斗拱承朱红漆匡宝盖,斗以八顶,冒以黄绮,谓之黄屋。屋顶四角垂青绮络带四条,各绣五彩云升龙三。辂亭前有左右转角栏杆二扇,后面有一字带左右转角栏杆一扇,前后栏杆共十二柱,各柱首雕木贴金蹲龙。明清时的大辂车比上古时代的要宏丽精美许多倍。帝王所乘坐的车,如玉辂,以玉装饰,金辂以金饰而得名,还有象辂、革辂、木辂等各有特色,称为"天子五辂",十分豪华,需要28个人来抬。

骡拉"轿车"

明清时的车多用一骡或两头骡挽行,统称"骡车"。为区别乘人的车与载物的车,又有大、小之分。乘人的车为小车,因其有

石雕中古罗马的马车

黄包车

棚子、围子,形如轿子,习惯上又称"轿车"。轿车都是木制的,普通百姓坐的用柳木、榆木、槐木、桦木等普通木料制作,皇室和贵族坐的则用楠木、紫檀、花梨等上好木料制作。车成型后,再髹以油漆,一般是栗壳色、黑色,好木料用本色油漆,谓之"清油车"。载物的骡车叫"大车"或"敞车",其车厢上不立棚,无车围和其他装饰。明朝将前用驴拉、后以人推的独轮车称作"双缧独轮车"。这种车,上用拱形席作顶,用来载运客货。辛亥革命之后,随着人力车和汽车在中国的出现,轿车数量日渐减少。以畜力拉车运货的车叫大车。明清时以骡驾为主,其后又有马驾、驴驾。大车的使用时间最长,与它同期兴起的许多交通运输工具都随着历史的发展,先后被淘汰。

黄包车

黄包车是一种用人力拖拉的双轮客运工具。黄包车前身叫"东洋车",又称人力车,约1870年创制。同治十二年(1873年),一个法国人看到黄包车便利,便从日本购进,并向法租界公董局呈报一份计划,要求"在两租界设立手拉小车客运服务机构",并申请10年专利经营。后经法租界公董局与公共租界工部局协商,同意由两局发放人力车执照,并批准路程价格。次年1月,黄包车从日本输入上海。因从日本输入,故当时上海本地人又称之为东洋车。黄包车以其适应性强、雇用方便、车资低廉而久盛不衰。以前上海的黄包车绝大部分是车行出租给车夫的,肮脏破旧者居多;也有有产者私人配置、雇佣车夫拉的,俗称"包车";还有一种车夫自购的车,多为半新的车,车身油漆新,可包月,亦可临时雇坐。凡在租界上通行的黄包车须向工部局照会。抗战前夕,黄包车已达1000多辆,20世纪40年代后期逐渐被淘汰。

自行车

　　自行车是由人力脚踏驱动的、至少有两个车轮的陆地交通车辆，俗称自由车、脚踏车或单车。1791年的一个雨天，法国人西夫拉克在街头漫步时被经过的四轮马车溅了一身泥，他突发奇想：四轮马车这么宽，应当把马车竖着切掉一半，四个车轮变成前后两个车轮。于是，第一辆代步的"木马轮"小车诞生了。1886年，英国的机械工程师斯塔利，从机械学、运动学的角度设计出了自行车样式，装上前叉和车闸，前后轮大小相同，以保持平衡，并用钢管制成了菱形架，还使用了橡胶车轮。斯塔利所设计的自行车车型与今天自行车的样子已经基本一致了。1888年，爱尔兰的兽医邓洛普，从医治牛胃气膨胀中得到启示，将自行车轮胎改为充气轮胎，已与今天的自行车相差无几。自行车无噪声、无污染、重量轻、结构简单、造价低廉、使用和维修方便，既能作为代步和运载货物的工具，又能用于体育锻炼，因而为人们所广泛使用。自行车的品种繁多，可以按不同的方法分类。按用途可分为载重车、普通车、轻便车、运动车和竞赛车等；按使用对象可分为男车、女车和童车；按车轮直径大小可分为28英寸车、24英寸车、26英寸车等；按车架等主体部件的用材可分为碳钢车、合金钢车、铝合金车等；按车架的结构可分为杆叠车、可拆卸车和整体车等。此外，还有双人串列、健身、杂技等特种自行车。

摩托车

　　摩托车是由汽油内燃机驱动，靠手把操纵前轮转向的一种两轮车或三轮车。摩托车轻便灵活，行驶迅速，可用于执行巡逻、通信和客货运输等任务，同时也是体育运动器械。摩托车从诞生到现在已经有100多年的历史。1876年，德国人奥托发明了汽油机，为摩托车的发展提供了动力源。戴姆勒在其基础上进行了改进，1885年，他把经过改进的汽油机装在两轮车上，制成了世界上第一辆用汽油机驱动的摩托车，取名为"单轨道号"，时速为12千米。第二年，轮德卜拉得和乌甫苗拉又研制出了功率为1.84千瓦的直列双缸、水冷、四冲程汽油机并把它装在摩托车上，这种摩托车成为世界上第一种成批生产的摩托车。摩托车按用途分为公路用摩托车、越野摩托车和竞赛用摩托车、家庭用摩托车、运输用摩托车、公务用摩托车。

● 19世纪租界里的自行车

● 号召加入自行车俱乐部的广告

9

早期汽车

早期汽车

汽车是法、英、德、美等国的创造发明者经过不断试验而制成的综合产物。从早期汽车发展到现代汽车，经历了200多年的时间。初期的汽车都是轿车,用以代替载客的马车。早期汽车主要包括蒸汽汽车、蓄电池电力汽车和汽油机汽车3种。1769年法国人居诺制成的三轮蒸汽汽车是第一辆真正能够行驶的汽车,可载四人,每次蒸汽压力升高后可行驶20分钟,曾达到每小时3.6千米的速度。1906年,美国制造了一辆蒸汽赛车,时速达到205.4千米。之后,蒸汽汽车虽逐渐衰落,但直至1926年还有工厂生产。蓄电池电力汽车于1881年在巴黎首次出现,早期的发展速度高于汽油机汽车。1912年,蓄电池汽车达到发展的顶峰。十九世纪六七十年代,煤气机和汽油机相继出现,为汽车的发展打开了新的前景。本茨和戴姆勒是汽油机汽车的最主要和最成功的创建人。1886年,戴姆勒制成第一辆四轮汽车。在19世纪和20世纪初,汽车仅是一种奢侈品,生产批量小,销路不大。美国的汽车制造家福特于1908年制造新型轿车并投入市场,对汽车的发展起了很大的作用。使汽车成为公众实用的交通工具,改革以前生产的车型,减少一切不必要的装饰,简化机构,集中生产单一车型,促进了汽车的规模化生产,从而使汽车对社会产生了多方面的重要影响。

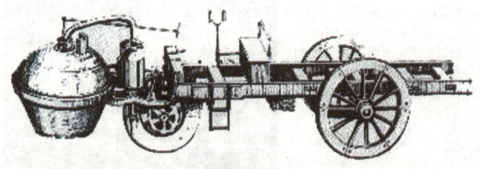

世界上第一辆蒸汽汽车

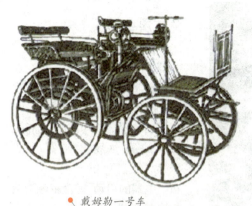

● 戴姆勒一号车

● 1903 年福特 A 型车

汽车

    汽车是指能自带能源的机动轮式无轨车辆,它是使用最广泛的交通运输工具。按类型可分为普通汽车、活顶汽车、高级汽车、小型汽车、敞篷汽车和仓背汽车等。

(一)普通汽车

    普通汽车的车身为封闭式,车顶(顶盖)为固定式硬性顶。有的顶盖一部分可以开启。座位为 4 个或 4 个以上,至少两排。后座椅可折叠或移动,形成装载空间。车门为 2 个或 4 个侧门,可有 1 个后开启门。

(二)活顶汽车

活顶汽车的车身为具有固定侧围框架,可开启。车顶(顶盖)为硬顶或软顶,至少有两个位置车顶可封闭、开启或拆除。可开启式车身可以通过使用一个或数个硬顶部件或合拢软顶将开启的车身关闭。座位为 4 个或 4 个以上,至少两排。车门为 2 个或 4 个侧门。车窗为 4 个或 4 个以上侧窗。

(三)高级汽车

高级汽车的车身为封闭式,前后座之间设有隔板。车顶(顶盖)固定式,硬顶。有的顶盖一部分可以开启。座位 4 个或 4 个以上,至少两排。后排座椅前可安装折叠式座椅。车门为 4 个或 6 个侧门,也可有一个后开启门。车窗为 6 个或 6 个以上侧窗。

● 周朝时期的战车

● 高级汽车

11

● 敞篷车

（四）小型汽车

车身为封闭式，通常后部空间较小。车顶（顶盖）为固定式，硬顶；有的顶盖一部分可以开启。座位为2个或2个以上，至少一排。车门为2个侧门，也可有一个后开启门。车窗为2个或2个以上侧窗。

（五）敞篷车

车身为可开启式。车顶（顶盖）为软顶或硬顶，至少有两个位置，第一个位置遮覆车身，第二个位置车顶卷收或可拆除。座位2个或2个以上，至少一排。车门2个或2个以上侧窗。

（六）仓背汽车

车身为封闭式，侧窗中柱可有可无。车顶（顶盖）为固定式，硬顶。有的顶盖一部分可以开启。座位4个或4个以上，至少两排。后座椅可折叠或移动，以形成装载空间。车门为2个或4个侧门，车身后部有一仓门。

旅行房车

旅行房车又称汽车上的"家"，简称为"房车"。旅行房车内有舒适的卧室和清洁的卫生间、宽敞的客厅、整洁的厨房。还配有空调、彩电、VCD、冰箱、微波炉、煤气灶、沐浴器、双人床及沙发，可供4人~6人住宿。电器的启动，完全依赖交流发电机提供电源，在有外接电源的情况下，就由外接电源取代。同时，车上还装备了许多安全设施，包括液化石油气检测器、一氧化碳报警器、烟雾报警器、紧急出口、灭火器、安全带等。房车旅行是集旅行、住宿、娱乐、烹饪、沐浴、工作于一体的旅行方式，是当今世界最受欢迎的旅行方式之一。房车最早来源于caravan一词，原意是指中古时那些横越欧亚沙漠长途跋涉的商队。后来，人们对到处流浪的吉卜赛人的大篷车也这么称呼，这就是旅居房车的雏形。

● 跑车模型

1920 年，一些人把木结构的简易房架在 T 形底盘上，并富有创意地对内部进行装饰，旅行房车便由此演变而来。

跑车

跑车的车身一般为双门式，即只有左、右两个车门，双座或 2+2 座（两个后座特别狭窄），顶盖为可折叠的软质顶篷或硬顶。因为跑车一般只按两人驾乘设置座位，车身轻便，而其发动机一般又比普通轿车发动机的功率强大，所以比普通轿车的加速性好，跑车最高车速也较高。跑车设计时较注重操纵性，而舒适性和通过性相对要差一些，越高级的跑车此特点越明显。前置发动机式跑车的车头较长，后面的行李厢较小；后置和中置发动机的跑车甚至没有行李厢，只在车头的前盖下面有一个能放备胎的小空间。跑车的共同特点是动力强

● 越野车

劲，外观新潮，造型优美。跑车的最大特点就是能"跑"，起步、加速及最高车速都超出一般车型。

越野车

越野车是指由四轮驱动、具有高通过性的汽车。它的特点是底盘高、车身坚固、发动机功率大，主要适用于在交通条件较差的道路或没有道路的沙漠、丘陵间行驶。越野车主要分为以下几类。

1. SUV

SUV（sports utility vehicle 的简称）是运动、多功能、全地形的英文缩写。它是从外形、功能及内装饰装潢上对传统的越野车进行改造后的产品。SUV 与传统的 4×4 越野车相比，运用了更多的电子控制技术，增加了更多的高科技含量，SUV 的车身没有大梁，前后桥四轮一般为独立悬梁。

2. 4×4 越野车

相对于轿车驾驶舒适，

● 参加法兰克福国际车展的陆风 4×4 越野车

速度快、油耗低等特点,4×4越野车具有底盘高、视野开阔、特殊路面行驶如履平地等特性。强劲的功率、宽大的轮胎、非独立悬架、高扭矩,加上行驶时宽阔的接近角度、宽阔的离去角度、更大的离地距离,使4×4越野车拥有更多的可以驰骋的空间。

此外,越野车的型号可分为以下几类。

(1)全地形型

全地形型越野车,可以满足家庭旅游的需求和保证驾乘的舒适性。大轴距、车身较宽、悬架系统较低、空间宽敞,以及智能化系统会给驾驶者提供帮助。

(2)纯越野型

纯越野型越野车的轴距较短,悬架系统较高,避震系统较强,驾驶舒适性不好,但越野性能优异。

(3)运动型

运动型越野车性能极好,道路适应能力无可媲美。价格及必需的专业维修使许多越野爱好者暂时还不想拥有它。

蒙特罗 运动型越野车

货车

货车又称为载货汽车、载重汽车、卡车,它是一种主要用来运送各种货物或牵引全挂车而设计和装备的商用车辆。货车按载重质量可分为:微型,总质量≤1.8吨;轻型,1.8吨<总质量≤6吨;中型,6吨<总质量≤14吨;重型,总质量>14吨。货车按用途分为以下几类。普通货车。普通货车一种是敞开式的(平板式),另一种是封闭式的(厢式)载货空间内载运货物的货车。多用途货车:多用途货车是在设计和结构上主要用于载运货物,但在驾驶员座椅后带有固定或折叠式座椅,可载运3个以上的乘客的货车。全挂牵引车:全挂牵引车是通过车辆自身的牵引挂钩与被牵引挂车的连接杆进行连接的,其中

货车

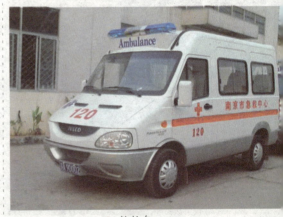

救护车

防化洗消车

包括电器连接、刹车系统连接。它本身可在附属的载运平台上运载货物。越野货车:越野货车是在设计上所有车轮同时进行驱动（包括一个驱动轴可以脱开的车辆）或其几何特性(接近角、离去角、纵向通过角、最小离地间隙)、技术特性(驱动轴数、差速锁止机构或其他形式机构)和它的性能（爬坡度)允许在非道路上行驶的一种车辆。专用作业车。专用作业车是在设计和技术特性上用于特殊工作的货车,如消防车、救险车,垃圾车、应急车、街道清洗车、扫雪车、清洁车等。专用货车:专用货车是在设计和技术特性上用于运输特殊物品的货车,如罐式车、乘用车运输车、集装箱运输车等。另外,按燃料分类可分为汽油货车、柴油货车、其他燃料货车。

邮政车

油罐车

油罐车主要用作运输石油的衍生品汽油、柴油、原油、润滑油及煤焦油等。油罐车按用途可分为流动加油油罐车、双仓油罐车、多仓油罐车、军用油罐车、油品转动油罐车、加油站专用油罐车等。

消防车

消防车是人们用于灭火、辅助灭火或消防救援的机动消防技术装备,是根据不同施救对象和灭火战斗的需要而设计制造成适合消防人员乘用,装载各种消防器材或灭火剂的车辆。随着现代科学技术日新月异的发展,特别是石油化学工业的飞速发展,高层建筑的成批涌现,交通运输的高度发达和新型灭火剂的不断开发,作为消防部队用以扑救火灾的主要工具,消防车亦由早期单一品种,向大功率、高效能、多品种、系列化方向发展,出现了多种多样的消防车,以适应消

油罐车

防战术技术发展的需要。

全世界几乎每年发生近百万次火灾,造成大量的人员伤亡和巨大的物质损失。消防车是最基本的移动式消防装备,在当今的社会中发挥着越来越重要的作用。

当然,在现代社会,陆上交通工具不止这些,还包括很多,比如银行用车、自卸车、液罐车、混凝土搅拌车、垃圾车、宣传车、邮政车、全挂车、半挂车、警车、医疗防疫车、冷冻车、冷藏车、洒水车、工程车等。

水上交通工具

人们很早就开始外出寻找食物,运送、买卖货物。人们有时为了探险而翻山越岭、漂洋过海。一开始只能靠步行,后来第一条船很快就出现了,造船者设计了更好的帆,并改进了驾驶方法。有了这些改良的船只,北欧人就能够横渡大西洋,寻找新的居住地。在15—16世纪,一些欧洲探险家开始进行探险。从此,交通工具的变化越来越大,发展越来越快。客轮更加豪华,货轮载重量也不断增加。水上交通工具已经成为当今交通工具中必不可少的组成部分。

独木舟

独木舟是用单根树木刨挖中腹而制造的最原始的船型。长2.6米有余,宽以能坐下一人为度,开口圆底,两头尖并微上翘。船桨长近3米,中段是手握的桨把,两端是桨叶板,用时左右交替划行。

牛皮船

牛皮船属藏族交通工具。用生牛皮缝缀船衣,绷在木棒或柳条制成的船架上,做成长方形或椭圆形牛皮筏,大者可乘十余人,小者可乘三五人,货物装在船底,航行时顺流而下,速度极快。牛皮船藏语叫"果瓦",专航行于拉萨河与雅鲁藏布江上。清代赵翼在《陔余丛考》

独木舟

牛皮船

中载："以革为舟夜渡，是牛皮为船，由来久矣，皆出于'番'俗也。"

帆船

帆船是继舟、筏之后的一种古老的水上交通工具，已有 5 000 多年的历史。中国宋、元、明、清时期使用过的帆船有平底的沙船、尖底的福船、广船和快速小船鸟船，以及大型战船楼船和运粮的漕船。帆船通常为单体船，也有抗风浪较强的双体船。帆船主要靠帆具借助风力航行，靠桨、橹和篙作为无风时推进和靠泊与启航的手段。帆船按船桅数可分为单桅帆船、双桅帆船和多桅帆船；按船型划分有平底帆船和尖底帆船；按首型分为宽头帆船、窄帆船头和尖头帆船。船体结构材质古代用木质，现代也使用其他轻质材料。结构多采用横骨架，隔舱板除起分隔舱室的作用，也起骨架的作用。平底船龙骨有一道或数道，尖底船在纵向中线设一道突出于船底的方龙骨，除提高船体纵向强度外，偏风航行时还可阻止船体横向漂移。帆船使用的帆具主要是帆、挂帆的桅杆和操帆用的绳索。桅杆通常沿船纵中线布置，最大的主桅位于中部，长度近于船长，头桅长度次之，尾桅最小，首、尾桅布在舷边。帆的形状多为四角形和三角形。主帆长与桅长相适应，宽大于船宽，头帆、尾帆依次减小。进入 20 世纪后，内燃机广泛应用在船上，出现机帆船。

气垫船

气垫船又叫"腾空船"，是一种利用空气的支撑力升离水面的船。这种船一出现就受到全世界造船界的关注。

气垫船是英国工程师科克莱尔发明

帆船

● 气垫船

的。1950年,40岁的科克莱尔爱上了造船业。于是,他辞掉了原有工作,用自己的全部积蓄,同妻子一起创办了一家小型造船公司。这时,科克莱尔脑海里所考虑的是怎样才能造出速度更快的船艇。他认为船艇速度不能提高的原因是船底与水面间的摩擦所产生的阻力。经过反复的研究,他发现如果用空气作为船与水之间的"气垫"就有可能减小摩擦,从而提高船航行的速度。科克莱尔把这一设想具体化,他在空的猫食罐头上装一只空的咖啡罐,用吹头发的吹风机作动力进行实验。结果,靠排气而产生的升浮效果令他非常满意。接着,他制造了长约0.5米的模型船,在河里进行实验,又获得成功,它的原理与现今使用气垫船的原理是完全相同的。后来,科克莱尔正式制

造了一艘长9.1米、宽7.3米的气垫船。这艘气垫船顺利地穿过了英吉利海峡,成为世界上第一艘实际航行的气垫船,这也充分显示了气垫船的优越性。

气垫船主要有两种形式:全浮式和侧壁式。世界上现有的最大气垫客船,要数英国制造的SRN4-Ⅲ型气垫船。它采用的是全浮式,特征是用空气螺旋桨推进(如同飞机的螺旋桨),船的底部四周装有尼龙橡胶布制成的"围裙",高压空气自船底射出,在船底和水面之间形成气垫支持船体的重量,以减少航行阻力,航速平均为每小时100千米,可载客416人,汽车55辆。速度最快的是美国的侧壁式气垫船,达每小时167千米。

轮船

轮船"一词始于我国唐代,它的出现与船的动力改革有关。我国唐代李皋发明了"桨轮船",他在船的舷侧或舳部装上带有桨叶的桨轮,靠人力踩动桨轮轴,使轮轴上的桨叶拨水推动船体前进。因为这种船的桨轮下半部浸入水中,上半部露出水面,所以称为"明轮船"或"轮船",以便和人工划桨的木船、风力推动的帆船相区别。

而最早建造蒸汽轮船的是法国发明家乔弗莱,他在1769年就建造了世界第一艘蒸汽轮船"皮罗斯卡菲"号,用蒸汽机驱动。后来,英国人薛明敦在1802年也建成一艘蒸汽轮船。可惜它们均未得到实际应用。

直到1807年9月,美国人富尔敦设计、制造的蒸汽轮船"克莱蒙特"号试航成功,才使轮船开始成为水上舞台的主角。"克莱蒙特"号,全长45.72米,宽9.14米,排水量100吨,船速每小时6.4千米。蒸汽机船发明后,用蒸汽机为动力代替人力带动桨轮,沿用了100多年之久。后来,螺旋桨推进器取代了桨轮,这种"明轮船"被淘汰了。因为称呼上的通俗和习惯,用螺旋桨推进的船仍称为"轮船",并沿袭至今。

游艇

游艇的造型依据其功能的不同而有区别,这项工业产品在外形的设计上仍以实用性为前提,而后考虑美学及市场的导向来变化出所谓流线型的造型。近

轮船

几年来,游艇的造型如同其他工业产品,逐渐采用较具亲和力的圆弧线条来代替尖锐的折角或直线,当然这与生产技术的提升有相当大的关系。另外,游艇又可分为以下几种。

1. 巡航艇:大型、快速的豪华游艇,内部布置豪华,设备完善,适合长距离航行。外形的色彩线条简单,呈现出沉稳且典雅的风格。

2. 无后舱式游艇:无钓鱼设备,具备上、下驾驶台及大型的沙龙间,船艉无住舱,它为开放空间,线条更圆弧化,是近年来各项工业造型上的一致趋势。

3. 太阳甲板游艇:太阳甲板船型最主要的特点,在于船艉多了一个住舱,以及后甲板的开放空间加盖遮阳板。

4. 敞露甲板型游艇:无船楼的游艇。主甲板以上为露天的驾驶区及开放空间。

5. 小快艇:小型快艇。甲板以下无住舱,船速高。

6. 海钓船:有完整的钓鱼设备。此船型的特征在于驾驶室位于上甲板,以及后甲板的高度非常接近水面,这样的造型主要是配合海钓者使用上的需要。

7. 多用途游艇:与海钓船类似,但驾驶台上方的遮阳棚及钓鱼架可拆除,成为一般用的游艇。

8. 高速滑航艇:高速赛艇。甲板以上较低的受风面积为高速滑航艇在造型上最主要的特征,目的是减少该艇高速航行时受到的风阻。

9. 拖网型游艇:主要特征在于船艉线型较圆滑,船速较慢。

10. 双胴游艇:此类游艇有较大的起居室和宽阔的上层甲板空间,适合招待亲朋好友同游,但也由于双船体的先天限制,在下层船体部位要配置较大空间的住舱不大可能。仅能布置数间狭窄舱房,这是它最大的缺点。它的船宽比一般的单体船要大,因此所需停泊的码头要占较多空间,停船位较难得到。

渔船

渔船是用以捕捞和采收水生动植物的船舶,也包括现代捕捞生产的一些辅助船只,如进行水产品加工、运输、养殖、资源调查、渔业指导和训练,以及执行渔政任务等的船舶。

渔船有不同的分类方法。按作业水域可分为海洋渔船和淡水渔船,海洋渔船又分沿岸渔船、近海渔船、远洋渔船。按船体材料分为木质、钢质、玻璃钢质、铝合金、钢丝网水泥渔船,以及各种混合结构渔船。按推进方式分为机动渔船、风帆渔船、手动渔船。按渔船所担负的任务可分为捕捞渔船和渔业辅助船两大类。多数捕捞船只的船型较小,但为适应在风浪中连续航行、作业,要求有较好的稳定性、耐波性和适航性,结构须特别牢固。作业期间,载重量变化较大,船用设备要求结构性能可靠、坚固耐用、维修方便。主机功率较大,相对速度较高。除配置一般船用设备,还需配备捕捞设备、保鲜和加工设备、助渔和导航设备等,鱼舱要求隔热设施性能好。

另外,渔船的设备包括:①动力装置。捕捞渔船的主机功率一般为每吨 1.5 千

渔船

瓦～4.5千瓦，有的6千瓦～7千瓦。大、中型捕捞渔船及渔业基地船因配备冻结和加工设备，其发动机功率为主机功率的65％～85％。为了提高主机效率，船上的发动机、捕捞机、制冷装置、空压机等往往由主机驱动，提高了动力装置的复杂程度。拖网渔船、渔业调查船、延绳钓渔船等工作状况多变，常采用可调螺距螺旋桨并装有助推器，以合理利用主机功率和提高船的机动性、灵活性和转向性能。②捕捞机械。捕捞机械种类多而复杂，功率较大。拖网渔船使用的绞机，其拉力和绞拉速度随水深、渔具渔法、船形大小、主机功率变化而变化。围网渔船的捕捞机械有的多达20台。为配合围网作业，有的还配有三至五艘渔艇。延

绳钓渔船配有理线机、卷线机、放线机、挂饵机等。鱿鱼钓船和竿钓船则装有自动钓机。③保鲜和加工设备。为保证渔获物的质量，保鲜是渔船的重要功能之一。船上的保鲜方式一般有冰藏、冷海水保鲜、盐藏、微冻、冻结等。沿岸、近海拖网渔船主要用0℃左右的冰藏保鲜；中小型围网渔船主要采用－1℃左右的冷海水保鲜；离渔港较远作业的拖网渔船或渔业基地船，采用平板冻结、隧道式吹风冻结等低温冻结；竿钓渔船、延绳钓渔船的渔获物以低温盐水冻结，温度为－55～－50℃。还有部分渔船采用轻盐低温保藏或－3℃左右的微冻保鲜。此外，大中型远洋渔船可将渔获物加工成鱼片、鱼段、罐头、鱼糜、鱼粉等，还备

有洗鱼机、鱼片机、剖切机、去皮机、采肉机、鱼粉机等多种鱼类处理和加工机械。

汽艇

　　汽艇有"海上飞毛腿之称"，刚诞生的时候只是以蒸汽机为动力的小船，不过现在已经有了很先进的动力装置，速度非常快，经常出现在各种体育竞赛中，有时候也会作为短程的水上交通、游览工具，忙碌地飞驰在水面上。汽艇是由驾驶舱、护栏、甲板、卧室、厨房和客厅组成的。为了能够劈波斩浪地前进，汽艇船头几乎都被设计成尖形，船身整体呈流线型。大多数汽艇都被涂上了绚丽斑斓的颜色和图案，所以同型号的汽艇看上去长得都不大一样。汽艇上装有水喷式发动机，发动机是通过一根导管把水吸进来，然后以高速、高压把水从船舷压出来。这样，船就会朝着和喷水相反的方向前进了。

集装箱船

　　1957 年，美国第一艘集装箱船是用一艘货船改装而成的，它的装卸效率比常规杂货船高 10 倍，停港时间大为缩短，并减少了运货装卸中的货损量。从此，集装箱船得到迅速发展，到 20 世纪 70 年代已成熟定型。集装箱船可分为全集装箱船和半集装箱船两种，其结构和形状不同于常规杂货船。集装箱船外形狭长，单甲板，上甲板平直，货舱口达船宽的 70 % ~ 80 %，上层建筑位于船舷或中部靠后，让出更多的甲板堆放集装箱，甲板一般堆放 2 层 ~ 4 层集装箱，舱内可堆放 3 层 ~ 9 层集装箱。集

集装箱船

装箱船装卸速度快，停港时间短，大多采用高航速，通常为每小时 20 ~ 23 海里。在沿海短途航行的集装箱船，航速每小时仅 10 海里左右。美国的海上集装箱船发展最迅速，推动了一些国家水陆联运的发展。近年来，一些发达国家进出口的杂货有 70 % ~ 90 % 使用集装箱船运输。集装箱船没有内部甲板，机舱设在船舷，船体其实就是一座庞大的仓库，可达 300 米长，再用垂直导轨分为小舱。当集装箱下舱时，这些集装箱装置起着定位作用，船在海上遇到恶劣天气时，它们可以牢牢地固定住集装箱。因为集装箱都是金属制成，而且是密封的，所以里面的货物不会受雨水或海水的侵蚀。集装箱船停靠专用码头，用码头上专门的吊车装卸，其效率为每小时 1 000 ~ 2 400 吨，比普通杂货船高 30 ~ 70 倍。

油轮

油轮是用来运输液体，主要是原油、原油的提炼成品，如动力油、燃料油等石油化工产品的船。油轮也可以用来运输其他液体，如水等。油轮很容易与其他轮船区别开来，油轮的甲板非常平，除驾驶舱外几乎没有其他耸立在甲板上的东西。油轮不需要甲板上的吊车来装卸它的货物，只有在油轮的中部有一个小吊车，这个吊车的用途在于将码头上的管道吊到油轮上来与油轮上的管道系统接到一起。油轮卸货时所使用的泵直接放在船上。油轮上一般配有货物计算机，这部计算机可以监视货物的装卸，以及计算装卸过程中船所受的所有的力。除油箱和管道，油轮上还配有锅炉、螺旋桨、发电机、泵（大的油轮上的装卸泵可以每小时泵上万吨液体）和灭火装置。装载易燃液体的油轮都使用不燃气体充入油轮中的空油箱的方法来防止燃烧或爆炸的发生。这些不燃气体排挤掉含氧的空气，使得油轮内的空油箱里几乎没有氧气。有些船使用船本身的动力机构排出的废气来提炼

上述的不燃气体，有些船则在卸货时在码头充入不燃气体。大多数运输原油的油轮可以装载上十万吨货物，90%使用蒸汽机作为动力装置。油轮航速一般在28千米/时左右。载重量超过20万吨的油轮被称为超大型油轮，超过30万吨的油轮被称为超级巨型油轮，一般超过16万吨的油轮都被称为超级油轮。最大的油轮需30名~40名船员。

滚装船

滚装船以装满集装箱或货物的车辆为运输单元。装载时，汽车及由牵引车辆拖带的挂车通过跳板开进舱内，到达目的港后，车辆可直接开往收货单位。滚装船的装卸

汽车滚装船

航行的油轮

效率很高，每小时为 1 000 吨~2 000 吨，而且实现了从发货单位到收货单位的"门—门"直接运输，减少了运输过程中的货损和差错。此外，船与岸都不需起重设备，即使港口设备条件很差，滚装船也能高效率装卸。滚装船是在汽车轮渡的基础上发展演变而来的。滚装船造型特殊，上甲板没有舱口，也没有起重设备。车辆通过船上的首门、尾门或舷门的跳板开进、开出。航行时，折叠式的尾跳板矗立在船艉，驾驶台等上层建筑设置在船艉部或船舯部。因为滚装船运载的车辆会排出有害气体，所以滚装船对通风的要求较高，在上甲板设有很多通风筒。滚装船船体结构的特点是甲板层数多，一般有 2 层~6 层。为使车辆在舱内通行无阻，货舱内不设横舱壁，舱内支柱也很少，因此滚装船的结构强度和抗沉性较差。世界上第一艘滚装船"彗星号"，是美国于 1958 年建造的。

载驳船

载驳船是载运货驳的运输船舶，又称子母船。载驳船用于河海联运，其作业过程是先将驳船(尺度统一的船，又称子船)装上货物，再将驳船装上载驳船(又称母船)，运至目的港后，将驳船卸下水域，由内河推船分送至目的港装卸货物并待下一次运

"西比"型载驳船

输。载驳船的优点是不需要码头和堆场，装卸效率高，停泊时间短，便于河海联运。其缺点是造价高，需配备多套驳船以便周转，需要泊稳条件好的宽敞水域作业，且适宜货源比较稳定的河海联运航线。按装卸驳船的方式，载驳船分为门式起重机式、升降式和浮坞式。门式起重机式载驳船在两舷侧铺设门机轨道，用门机在船艉装卸驳船。升降式载驳船在船艉设有升降平台装卸驳船，并配备有输送车送驳船就位。浮坞式载驳船装卸驳船时，母船先下沉一定深度，打开船艏或船艉的门，使驳船浮进浮出，此种载驳船不需要配备起重设备，但须在水深且较大的水域中作业，在使用条件上受到了限制。

液化气体船

液化气体船是专门散装运输液态的石油气和天然气的船，也有人称之特种油船。按其运输时液化气的温度和压力，分为三种类型：①压力式液化气体船。该船适用于近海短途运输少量的液化气体。它在常温下，将气体加压至液化压力，把液化气贮藏在高压容器中进行运输。这种运输方式，船体结构及操作技术都比较简单，但容器重量大，船舶的容量利用率低，不适用于建造大型高压容器。②低温压力式液化气体船。该船是把液化气体的温度控制在常温 45 ℃以下，但高于液化气体的沸点，在这样的温度范围内，把气体加压至液态进行运输。采用这种方式运输，液化气体的温度和压力都需要进行控制，舱内要隔热绝缘，并且设置冷冻装置。③低温式液化气体船。该

船在大气压力下,将气体冷却至液态的温度以下进行运输,船上设有温度和压力控制装置。它适用于大量运输液化气体,目前这种类型的液化气体船较多。

挖泥船

挖泥船主要用于疏通航道,在世界各个繁忙的港口,多种形状的挖泥船清挖着水道与河川,以便其他船舶顺利通过。有些挖泥船本身没有动力,它每换一处工作位置,总是靠拖船带动,从水底挖出的泥沙倾入在旁等待的驳船里拖走。本身有动力的挖泥船在大船航道上施工,用粗大的软管抽吸淤泥,挖泥船把泥沙存在舱中,装满后开往海外倒掉。清理狭窄水道最有效的是侧伸吊杆挖泥船,它在湖底铲出一条宽约 35 米的水道,泵将吸出的泥沙沿着长长的吊杆,喷回离水道较远的水中。

吃水较深的大船靠这种挖泥船开辟出来的航道前进。

破冰船

1864 年,俄国人将一艘小轮船"派洛特号"改装成世界第一艘破冰船,为在冰冻期保持喀琅施塔得至奥兰宁鲍姆航线的通航。破冰船的长宽比例同一般海船大不一样,它纵向短,横向宽,这样可以辟开较宽的航道。一艘排水量在 37 000 吨,拥有 7.35×10^7 瓦的现代破冰船,长度为 194 米,而宽度则达 32.2 米。破冰船船头外壳用至少 5 厘米厚的钢板制成,里面用密集的型钢构件支撑,船身吃水线部位用抗撞击的合金钢加固。破冰船一般常用两种破冰方法。当冰层不超过 1.5 米厚时,多采用"连续式"破冰法,主要靠螺旋桨的力量和船头把冰层劈开撞碎,每小时能在冰海航行 9.2

自动耙吸式挖泥船

"神华"号5000方挖泥船

千米。如果冰层较厚,则采用"冲撞式"破冰法,冲撞破冰船船头部位吃水浅,会轻而易举地冲到冰面上去,船体就会把下面厚厚的冰层压为碎块。然后,破冰船倒退一段距离,再开足马力冲上前面的冰层,把船下的冰层压碎。如此反复,就开出了新的航道。

用燃料油为动力的破冰船,多采用柴油机带动发电机发电,电动机驱动螺旋桨(组合机组驱动),驱动功率可达上百万瓦,可以满足较长时间破冰航行的需要。1957年,苏联制造出第一艘核动力破冰船——"列宁号",它的动力心脏是热核反应堆,高压蒸汽推动汽轮机,带动螺旋桨推动航船。如果核动力破冰船带上10千克铀,就相当于带上25 000吨标准煤,可以在远离港口的冰封海域里常年作业。

日本的"AURORA号"破冰船

置、起吊设备、工作甲
板、研究实验室和能满
足全船人员长期工作和
生活需要的设施，要有
与任务相适应的续航力
和自持能力。海洋调查
船船体坚固，有良好的
稳定性和抗浪性。较好
的海洋调查船还尽量降
低干舷缩小受风面积，
增装减摇板和减摇水

● 日本"白濑号"破冰船

破冰船装有 2 只～4 只螺旋
桨。破薄冰的船在船艉和靠
近船头的侧位，分别装两只
螺旋桨，船头螺旋桨从冰下
将水抽出，削弱冰层的支托
并使其成为片状裂开，船在
后两只螺旋桨的推动下前
进。破厚冰的破冰船，为使
船可以冲到冰层上面，多在
船艉两侧对称地装两只螺
旋桨。

海洋调查船

　　海洋调查船是专门从
事海洋科学调查研究的船
只，它是运载海洋科学工作
者亲临现场，应用专门仪器
设备直接观测海洋、采集样
品和研究海洋的工具。同一
般船只相比，海洋调查船的
主要特点是装备有执行考
察任务所需的专用仪器装

● "海监83"是目前中国最先进的海洋调查船

舱,具有良好的操纵性能和稳定的慢速推进性能。海洋调查船经济航速一般为22～28千米/时,但常需使用主机额定低速以下的慢速进行测量和拖网。大多采用可变螺距推进器或柴电机组(用柴油机发电、电动机推进)解决慢速航行问题。为了提高操纵性能,大多在船艏与船艉安装侧向推进器,或者安装"主动舵",或者两者兼有。它具有准确可靠的导航定位系统。现代海洋调查船多装有以卫星定位为中心,包括欧米伽、劳兰－A/C和多普勒声呐在内的组合导航系统。该系统使用电子计算机控制,随时可以提供船位的经纬度,精确度一般为±0.1海里,最佳可达±0.4米。船上的电站要具有充足完备的供电能力,能满足工作、生活的电气化设备、精密仪器、计算机等所需要的电力和不同规格的稳压电源。仪器用电需与动力、生活用电分开,统一采取稳压措施。水声专业调查船,尚需另设无干扰电源。1872—1876年,英国海洋调查船"挑战者号"进行了全球大洋调查。该船是世界第一艘海洋调查船。20世纪60年代是海洋调查船的大发展时期。1962年美国建造的"阿特兰蒂斯Ⅱ号"首次安装了电子计算机,标志着现代化高效率海洋调查船的诞生。海洋调查船按照使用海区不同,大体上可以分为近海调查船与远洋调查船两大类。海洋调查船按其调查任务不同可分为综合调查船、专业调查船和特种调查船。

综合调查船

综合调查船的主要任务是进行基础海洋学的综合调查。综合调查船除了具备系统地观测和采集海洋水文、气象、物理、化

● 东方红2号海洋综合调查船

学、生物和地质的基本资料和样品所需要的仪器设备，还要具备整理分析资料、鉴定处理标本样品和进行初步综合研究工作所需要的条件和手段。这类调查船又有"海洋研究船"之称，多为海洋研究机构和高等院校所使用。在各国调查船队中，综合性远洋调查船数量最多，美国的"海洋学家号"、苏联的"库尔恰托夫院士号"、日本的"白凤丸号"、法国的"让·夏尔科号"等都是世界著名的综合调查船。这类船由于工作内容多、航区广，在设计时充分注意船舶的稳定性、操纵性、续航力、自持力、仪器设备操作与实验室条件，以及防摇、减震、防噪、供电、导航、低速和起吊能力等性能。

专业调查船

专业调查船只承担海洋学某一分支学科的调查任务，与综合调查船相比，具有任务单一、重点突出、工作深入等优点，船体也较小。比较常见的专业调查船有以下几种：①海洋测量船。其主要任务是根据编辑海图、航海指南、海潮流表和其他海洋图集的需要，测取海洋水深、海流、潮流、温度、盐度、地质、地貌、地磁和其他基本资料，如美国的"威尔克斯号"和联邦德国的"彗星号"。②海洋物理调查船。其主要任务是调查和实验研究海洋声学、光学和其他物理学特性，其特殊要求是船上须有防震、防噪和防电磁波干扰的措施和设备，如美国的"海斯号"和苏联的"罗蒙诺索夫号"。

海洋气象调查船

海洋气象调查船的主要任务是观测海面、高空和海－气界面附近的气象、水文要素，播发船舶天气预报资料，研究海－气相互作用和海上天气系统的兴衰规律。海洋气象调查船船体一般较大，有较强的抗风暴能力，能够保证测取各种恶劣天气条件下的资料。有少数海洋气象调查船由世界气象组织安排在固定位置上，作为一个海上观测站进行长期定时观测，所得资料按规定及时发布，参加国际交换，为全球天气预报服务。这种海洋气象调查船也称为"天气船"。

海洋地球物理调查船和海洋渔业调查船

海洋地球物理调查船的主要任务是应用地球物理勘探和采样分析等手段研究海底的沉积与构造，评估海底矿产资源的蕴藏量。这种专业调查船一般不大，但装备有精密的地震、地磁、重力探测仪器和准确的导航定位系统。海洋渔业调查船的主要任务是进行渔业生物学和渔场环境调查，研究渔业资源的数量变化和渔场形成规律。这种船装备有各种探测和试捕工具，以及海洋环境调查的仪器设备。

特种海洋调查船

特种海洋调查船是为了解决某项任务，专门建造的构造特殊的调查船。它有以下几种：①宇宙调查船。该船主要任务是考察高层大气，接收卫星或宇宙飞船等太空装置发来的信号并发出指令，解决与宇宙装置飞行有关的多方面问题。1967年以来，苏联为了解决宇航通信和空间探测任务，陆续建造了近10艘宇宙调查船。其中，最大的宇宙调查船是1971年建成的"加加林号"，该船长235米，宽31米，排水量

● 中国第一艘万吨级远洋科学调查船模型

各种特殊任务的消防船、巡逻船和浮油回收船等。

港作拖船

港作拖船是拖船的一种，也是最重要的港务船。主要用于帮助大船进出港口、靠离码头、移泊和执行各种拖带任务，也可用来运送少量货物和人员。港作拖船一般有较大的拖力和良好的稳定性，可以灵活操纵。为了增加拖力，港作拖船的螺旋桨上多数装有固定的或可转动的导管。船体较短，使回转直径保持在船长两倍以内。20世纪70年代，出现了装有Z形推进装置的拖船，能在原地做360°回转。它的螺旋桨是由原动机通过两次伞齿轮减速后驱动，螺旋桨和导管能围绕垂直传动轴作360°旋转。操纵时只需改变两个导管螺旋桨的方向，就能使拖船获得所需要的航向和航速。有些国家的拖船采用直翼推进器，这种推进器设在船体中部，突出船底基线以外。改变它的叶片角度，就能改变船的推进方向，所以有这种设备的拖船有良好的操纵灵活性。运输船舶吨位不断增加，为了避免港作拖船在帮助大船靠离码头时因甲板高低悬殊带缆不便，还出现了首部装有真空吸盘的拖船，可以不带缆而直接进行横曳。港作拖船一般以柴油机为动力，功率从74千瓦到3677千瓦不等，自由航速为每小时8~15海里。为了扩大用途，港作拖船可以在设计上做某些改变或增加一

45 000吨，有120多个实验室，是目前世界上最大的调查船。②极地考察船。该船是为考察两极而建造的船体坚固、破冰能力强、防寒性能好的调查船。20世纪70年代，美苏两国竞相建造极地考察船。其中，最著名的是1973年美国建成的"极星号"。该船长120米，宽25米，排水量13100吨，可以突破6米厚的冰层。其次是苏联1975年建造的"萨莫夫号"大型极地考察船，可以突破1.7米厚的冰层。③深海采矿钻探船。该船为试验开采洋底锰结核而建，美国1974年建成了排水量35 000吨的"格洛玛·勘探者号"，此船具有海底采矿、打捞、铺设海底管线和海洋调查多种功能。现在用于深海锰结核试采和深海钻探工作。

港务船

港务船是保证港口正常工作的各种船舶，包括为大船提供各种服务的港作拖船、供油船、供水船和引航船、装运货物的驳船、上下旅客和装卸货物等作码头用的趸船、协助装卸大件货物的起重船，以及执行

在拖船引导下的驱逐舰

些设备，兼作破冰船、供应船、救助船和消防船等使用。

以引起来船的注意。专用于接送引航员的交通船，有时也叫引航船。

供油船和供水船

供油船和供水船是给停靠港口的船舶分别供应燃油和淡水的小型液货船。船上备有计量装置，以便按量收费。它们分自航和非自航两种。非自航的就是油驳或水驳，由拖船拖带，本身也备有小型动力装置用于驱动输油泵或输水泵。

引航船

引航船是由引航站派驻港口外执行船舶引航任务的专用船舶。船上有供引航员生活和办公用的设施，并装有特殊的灯光信号，

趸船

趸船是泊在港口的固定地点，供船舶停靠、上下旅客、装卸货物等作码头用的无动力平底船。趸船多用于水位变化大的港口。趸船都为非自航，靠抛锚固定。船、岸之间用活动栈桥或跳板相连。船上往往设有

供油船

中国科学院东湖湖泊生态系统试验站的趸船

候船室或仓库等上层建筑。船体为钢质或木质,也可用水泥制造。

船的一些辅助设施

桨

原始的独木舟由于不稳定,不能满足人们航海的需求,人们开始尝试将数根木头绑缚在一起,以增加船只的稳定性,制成了最早的筏,这种简单的船只,至今还在一些地方的水上交通中发挥着不小的作用。人类发明了船舶这种水上运载工具后,便面临着如何推动它的问题。可以想象,最初

人类是在独木舟或筏一类简陋的水上运载工具上顺流而行的,如果要转向或逆流而行,就要用手去划水。久而久之,人类发明了桨,这等于是人类手臂的延长。有了桨,人就可以坐在船上划水前进。如果要增加船只的推进速度,就要增加桨的数目。于是,一种划桨船在地中海海域周围发展起来了。

同样,在距今5 000多年的埃及法老齐阿普斯的金字塔墓里,有作为法老殉葬品的墓葬船,它就是一种配置长桨的划桨船。在爱琴海地区,克里特人也是较早开始

木制的龙舟桨

的橹板左右摆动。橹摆动时，船跟水接触的前后部分会产生压力差，形成推力，推动船只前进，就像鱼儿摆尾前进。古人有一橹三桨的说法，认为橹的效率可以达到桨的三倍，因为从桨到橹的变化，事实上就是从间歇划水变成连续划水，提高了效率。橹不仅是一种连续性的推进工具，而且具有操纵船舶回转的功能。麦格雷戈就认为螺旋桨的发明，与欧洲人看到中国人使用橹后受到的启发不无关系。事实上，现代广为应用的

航海的民族之一，他们的划桨船可能吸收了埃及和腓尼基的造船技术。克里特人的战船上配置有 44 名划桨手，划桨手坐在上层水平甲板的长条凳上划桨。曾经垄断地中海海上贸易的腓尼基人，凭着他们上乘的造船技术称雄一时。在船的建造上，腓尼基人第一次将商船与战船的建造分离开来，而且根据航行区域的不同和航程的远近，建造了用途各异的船舶。而且，腓尼基战船的桨是双层设置的，后来又发展起来了更多层的划桨船。

橹

橹的发明是中国对世界造船技术的重大贡献之一，它最早出现的年代目前尚不可考，传说鲁班看见鱼儿在水中挥尾前进，遂削木为橹。橹的外形有点像桨，但是比较大，一般支在船艉或船侧的橹襜上，入水一端的剖面呈弓形，另一端则系在船上。用手摇动橹襜绳，使伸入水中

橹

螺旋桨推进器，其不间歇做旋转运动的叶片，与在水中滑动的橹板十分相似。

帆

古帆船的帆是用既笨重又精细的帆布裁剪缝制成的。船帆为了保证幅拼缝的强度，要将帆布布幅边沿互相折边扣在一面，然后沿加强条在帆周缘缝上 1 条 ~3 条加强条。不论纵帆或横帆，帆的中下部亦缝有较大的加强块。这不是采取简单的联缝。为了保证受风时的强起，再以缝帆针缝两趟以上的线缝牢，而每一周边加以具有一定宽度的

● 帆

复条(亦称"加强条")。较大面积的横帆通常在帆上还有纵横向的各角，均需要缝有补强块，某些大的横帆在帆上根据需要对局部加强，这样能承受较大的风力。

船帆最先着风的帆缘称作帆的前缘，它位于船只的前部。后部的船翼后缘称作帆的后缘。从帆的前缘到后缘的假想水平线称作弦。船帆的曲度称作吃水，从弦到最大吃水点的垂直距离称作弦深。帆可分为以下几种。

（1）横帆。帆的形状为正方形、矩形或梯形。这类帆的特点是每面帆的上边宽度与挂此帆的一根帆桁长度等同，即呈等腰梯形，帆两边与上沿垂直，形成矩形或方形的帆。横帆张挂时是利用系帆索穿过帆上缘复杂的多个系帆孔系挂在帆桁上的。

（2）纵帆。纵帆的形状多为三角

● 手绘帆船图

形，而大量等腰梯形帆则挂于各桅之间。三角帆多张挂在船艏或各桅的支索上和艉斜桁上。

桅

桅是指竖立于船的甲板上的长杆，用来挂帆悬旗或兼作吊杆柱等。船桅一般沿船纵中线布置，中部主桅最长、最粗，长度约等于或小于船长，头桅、尾桅依次更短小。三桅以上的帆船，主帆居中。帆船按船桅数可分为单桅帆船、双桅帆船和多桅帆船，按船型划分有平底帆船和尖底帆船，按首型分为宽头帆船、窄头帆船和尖头帆船。

舵

舵是用以改变和保持船舶航行方向的设备。舵由舵叶和舵杆组成。航行中的船舶，水流在舵叶上产生横向作用力，根据船

双体帆船

舶的航向转动舵叶，使船舶产生回转力矩，保持所需航向。

舵可按多种标准分类。

①按舵叶的断面形状可分为平板舵和流线型舵。平板舵结构简单，广泛应用于帆船上。流线型舵的舵叶以水平与垂直隔板为骨架，并用钢板包成空心，其阻力小、升力大，被广泛应用。

②根据舵杆轴线在舵叶上的位置，可分为平衡舵、不平衡舵和半平衡舵。平衡舵的舵压中心至舵杆轴线的距离小，故转舵力矩小，但舵在水流作用下易摆动。不平衡舵的舵杆轴线在舵叶导边处，故有较大的

舵

角可不同；喷射舵、并联舵、反射舵等。舵型的选择根据船型、吨位、船艉形状及推进装置类型选择。河船为操纵灵活，常配有双舵和三舵。根据船舶操纵需要，通常将舵设置在船艉螺旋桨后，以利用桨的尾流，也有装在桨前面的舵，为倒车舵，还可以在船艏加装首舵，以改善船舶倒航的操纵性能。

锚

锚是在水域中固定船舶或其他浮体的设备。锚抛入水域底部，靠锚爪尖啮入泥土产生抓力，通过与船舶或其他浮体相连接的锚链，实现停泊定位。

锚由锚环、横杆、锚干、锚臂、锚冠和锚爪等基本部分组成，其材质为铸钢或锻钢。根据结构形式的变化，可分为有杆锚、无杆

转舵力矩。半平衡舵上半部为不平衡式，下半部为平衡式。

③根据舵的支承方式，可分为多支承舵、双支承舵、悬挂舵和半悬挂舵，均依据与舵柱的连接方式区分。

④根据舵板的数量，可分为单板舵和双板舵。前者舵叶由单层板制成，后者舵叶则由两层板制成，性能优于单板舵。

为改善船舶操纵性能和推进效率，常采用一些改善舵效的特殊形式的舵。例如：带导流罩舵，在舵叶中部装有导流罩；襟翼舵，由主舵叶和襟翼组成；多叶舵，在一舵杆上装有两个或两个以上舵叶；差动舵，由多个舵叶组成，其各叶转

锚

锚、大抓力锚和特种形状锚等。有杆锚,其锚爪与锚干为一整体,并有一垂直于锚爪面的横杆。有杆锚有单爪和双爪之分,使用时一个爪啮入土。无杆锚,其锚爪与锚杆可相对转动一定角度,使用时两个锚爪可同时入土。无杆锚无横杆,方便收藏。大抓力锚,其锚爪宽大,可转动一定角度,锚爪中部有突出的杆体,可增强锚的稳定性,由于抓力大,适应松散土质的水底。特种形状锚,与一般的锚形不同,如锚头呈伞状、菌状,其入土后不易移位,适用于长期锚定的趸船及其他浮体。

轨道交通工具

轨道交通是一种利用轨道列车进行人员或货物运输的运输方式。轨道交通具有运量大、速度快、安全、准点、保护环境、节约能源和用地少等特点。轨道交通包括铁路、地铁、轻轨、有轨电车和磁悬浮列车等。轻轨是一种电气化铁路系统，轻轨的机车重量和载容量都较小，使用的铁轨质量也较小，每米只有50千克，而一般铁轨每米的质量为60千克，由此得名"轻轨"。地铁主要是指"重轨"，它也是一种电气化铁路系统，运能与轻轨相比较大。重轨必须有单独的道路；车辆由多节车厢组成，速度及加速都较快；有复杂的信号系统；有较高的站台上下客；行驶的道路可以在地面、地下和高架线上。重轨交通系统包括市郊列车、地铁列车等。从运量来区分，地铁的运输量最大，单向每小时可运送4万~6万人次，轻轨可运送2万~3万人次，有轨电车的运量最小，只有1万人次。从能源使用的角度来说，大多数轨道交通工具都是用电驱动的。

火车

火车早期称为蒸汽机车，也叫列车。其主要成分是钢铁，有独立的轨道行驶。它最大的优点就是一次可以拉好多的乘客和货物。发明火车的荣誉归于一位英国人特里维塞克。火车在发展过程中经历了各种各样的类型变化。

18世纪初，随着社会生产力的发展，人们急需一种比马车装得多、跑得快的新型车辆。在这种情况下，英国人瓦特发明了蒸汽机。1801年，发明家特里维塞克首先制造了在一般道路上行驶的蒸汽动力车辆，于次年申请到专利权。在此基础上，他把瓦特的蒸汽机改造成高压蒸汽机，用这种蒸汽机成功地制造了可以在轨道上行驶的火车头。1804年2月29日，特里维塞克的火车头沿着专门轨道由默尔瑟开到阿伯西昂，开启了世界上第一辆蒸汽车的光辉行程。十年后，英国著名的发明家斯蒂芬森制造并改装了一个相似的火车头，并铺设铁轨，开始在煤矿中使用。这样，后人也就把他当成火车的发明人了。

蒸汽机车是蒸汽机在交通工具上运用的最好范例。蒸汽机是靠蒸汽的膨胀作用

早期火车

产生动力的，蒸汽机车的工作原理也不例外。当司炉把煤填入炉膛时，煤在燃烧过程中，它蕴藏的化学能就转换成热能，把机车锅炉中的水加热、汽化，形成 400 ℃以上的过热蒸汽，再进入蒸汽机膨胀产生动力，推动蒸汽机活塞往复运动，活塞通过连杆、摇杆，将往复直线运动变为轮转圆周运动，带动机车动轮旋转，从而牵引列车前进。不过，蒸汽机车有一个很大的缺点，就是必须在铁路沿线设置加煤、水的设施，还要在运营中耗用大量时间为机车添加煤和水。蒸汽机车必须具备锅炉、蒸汽机和走行部三个基本部分。

蒸汽机车的分类

蒸汽机车按工作性质可分为客运机车、货运机车、调车机车三种。客运机车是适用于牵引旅客列车的机车，对客运机车的要求是能高速运行，通过曲线时运行平稳。因此，这种机车的动轮直径较大，并在动轮前方设有二轴导轮转向架。货运机车是专门用于牵引货物列车的机车。对货运机车的主要要求是能够以普通的速度牵引较重的列车。因此，这种机车一般动轮较多，动轮直径比客运机车的小，汽缸直径较大，具有较大的牵引力。为了使机车易于安全通过曲线，一般均装有单轴导轮转向架。

清末北京的火车

调车机车是专门用于编组站或调车场进行列车编组、解体作业的机车。对调车机车的要求是便于通过道岔及半径较小的曲线，以及有足够的牵引力，司机室的设置必须便于瞭望。因此，这种机车的车身较短，动轮直径较小。我国没有专门类型的蒸汽调车机车，一般使用旧型货运机车代替的。

内燃机车

人们在使用蒸汽机车的过程中发现，这种机车的一个致命弱点是它的锅炉又大又重，严重影响了它的发展前途。在锅炉里，用煤将水加热成蒸汽，再通入汽缸里，从而推动机车前进。有人设想，如果将这种笨重的锅炉去掉，使燃料直接在汽缸内燃烧，用所产生的气体来推动车轮旋转，就可以克服蒸汽机车的主要缺点。于是，一些科学家便开始进行研究试验。

1866年，德国人奥托首先制成了一种燃烧煤气的新型发动机。这种发动机和蒸汽机在汽缸外面的锅炉里燃烧燃料不同，

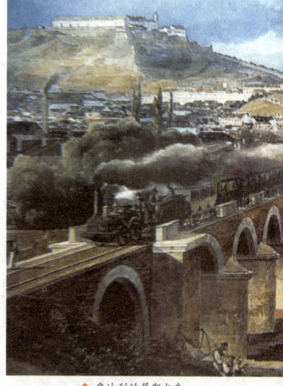

奥地利的早期火车

它是在汽缸内点燃煤气的，然后利用气体的压力推动活塞，从而使曲轴旋转。因此，就给它起了个形象的名字，叫作"内燃机"。内燃机的出现，为火车的进一步发展带来了生机。内燃机车虽然问世较晚，但它后来居上，受到人们的重视。1924年，德、美、法等国成功研制了柴油内燃机车，在世界范围内得到广泛使用。1941年，瑞

上游型蒸汽机车

士研制成功新型的燃油汽轮机车，以柴油为燃料，且结构简单、震动小、运行性能好，因而在工业国家普遍采用。它的突出优点有以下几点。

（1）速度快。内燃机车启动迅速，加速快。通常，蒸汽机车的最大时速为110千米，而内燃机车的最大时速可达180千米，使铁路通过能力提高25%以上。

（2）马力大。蒸汽机车的功率一般为2 200瓦左右，而内燃机车为2 940瓦～3 675瓦，因而运载量就多。

（3）能较好地利用燃料的热能。蒸汽机车的热效率一般仅为7%左右，而内燃机车可达到28%，提高了3倍，从而节省了大量的燃料。

（4）适合缺水地区使用。蒸汽机车是个用水"大王"，一列火车平均每行驶10千米，就得消耗水3吨～4吨。通过干旱的缺水地区，火车就需要自带用水。据统计，在缺水地区运行一列火车，如果有10节车厢，其中有3节车厢是用来装水的。而内燃机车用来冷却的水仅需要几百公斤，供循环使用，内燃机车上一次水，可连续行驶1 000千米，因而它被人们誉为"铁骆驼"。

（5）司机驾驶操作方便。内燃机车的司机不需要像蒸汽机车那样加煤、加水，而且驾驶室内明亮宽敞，司机操作时视野开阔，既方便又安全。

内燃机车问世后，以其明显的优势很快就压倒了蒸汽机车。特别是第二次世界大战结束后，由于内燃机车所用的燃料——石油价格较低，能大量供应，因此有力地促进了内燃机车的发展。一些国家如美国、日本、法国、加拿大等都相继制造了内燃机车，并且在十年左右的时间内实现了铁路机车内燃化，使内燃机车得到了较广泛的使用。

电力机车

1879年，德国西门子电气公司研制了第一台电力机车，它重约954千克，只在一次柏林贸易展览会上做了一次展示。1903年10月27日，西门子与通用电气公司研制的第一台实用电力机车投入使用，其时速达到200千米。

电力机车虽然问世较早，但直到20世纪60年代才开始受到人们的重视，普遍地使用起来，人们将电力机车称为神通广大的"火车头"，就是因为它相比蒸汽机车有着以下独特的优点。

（1）马力大，拉得多、跑得快、爬坡的劲头足。例如，我国在20世纪50年代末期修筑的第一条电气化铁路——宝（鸡）成（都）铁路，就充分发挥了电力机车的优越性。从宝鸡到成都，第一道关口

🔴 蒸汽机车

就是气势雄伟的秦岭。过去用 3 台蒸汽机车拉一列 950 吨货车上秦岭时，时速为 18 千米。蒸汽机车下坡时是靠闸瓦制动的，而闸瓦摩擦就会变热，如果不及时冷却就难以将机车制动。为了保证行车的安全，蒸汽机车的下坡速度比上坡还慢，有时甚至走走停停，以便受热的闸瓦有足够的时间冷却。用 3 台电力机车取代同样数量的蒸汽机车，就能拉着 2 400 吨的货物，以时速 50 千米快速上坡，比蒸汽机车在运货量和速度上都提高了近两倍。电力机车下坡时，采用电阻制动，使列车能以每小时 40 千米的速度下坡，既快速又安全。

（2）电力机车用的是"干净"的电能，它不冒黑烟、不扬灰渣，因而不会污染环境。机车驾驶人员能在宽敞明亮的司机室进行操作。

（3）电力机车操作简便，出车前的准备时间短，不像蒸汽机车那样，既要装煤，又要加水，也不像内燃机车需要加油。无论是在缺水的沙漠地带，还是在冰天雪地的寒

● 韶山 9G 型电力机车

冷地区，只要有电力供应，电力机车就能牵引列车昼夜行驶。

● 现在的火车

（4）电力机车使用的是电能，既可由煤炭、石油发电，也可由水力、核能、天然气、地热、太阳能等发电，能量来源比蒸汽机车和内燃机车丰富，而且效率高。蒸汽机车的热效率只有 7%，内燃机车的热效率较高，也仅为 28%，而采用火力发电的电力机车，其效率可达 30%，若以水力发电，热效率则为 60%~70%。

高速列车

高速列车是指最高行车速度达到或超过每小时 200 千米的铁路列车。世界上最早的高速列车为日本的新干线列车，于 1964 年 10 月开通，最高时速 210 千米。此后，许多国家相继修建高速铁路，列车运行速度也一再提高。到目前为止，开通高速列车的国家有日本、法国、德国、意大利、英国、俄罗斯、瑞典等。其中，法国的 TGV 系列创下运营速度之最，1993 年其速度曾达到每小时 515 千米。高速列车的优点在于速度快、省燃料、安全可靠及优良的服务。

因此，高速列车从一开始就显示出了其巨大的优越性。同普通列车相比，高速列车的性能大大提高，具有如下一些新的技术特点。①空气阻力是影响高速列车运行的最主要因素，因此高速列车车头一般都采用流线型的车头形状，外表面光滑并使玻璃窗与外部齐平，以达最优的空气动力形式。②在高速行驶时，要保证列车运行有足够的加速力。③为实现较大的减速，各国的高速列车不仅对所有的动轴实施制动，而且给从轴也安装了制动装置。例如：新干线列车所有的车轴都装有电力制动与盘形制动的双重制动系统；TGV 列车对动轴采用电力制动与车轮踏面制动相结合的制动方式，从轴仅采用盘形制动；ICE 对轴采用电力制动与盘形制动相结合的制动方式，从轴采用涡流钢轨制动加电力制动的制动方式。④采用计算机诊断系统，对列车的安全性及可靠性进行有效的监督与控制。⑤能够提供更好的服务，如隔音、空调等均能达到规定的舒适度。

高速火车

地铁

　　大城市主要在地下修建隧道、铺设轨道，以电动列车运送乘客的公共交通体系，简称地铁。

　　世界上第一条地铁于 1863 年诞生在英国首都伦敦。19 世纪末，相继有芝加哥、布达佩斯、格拉斯哥、维也纳和巴黎 5 座城市修建地铁。20 世纪上半叶，柏林、纽约、东京、莫斯科等 12 座城市也先后修建地铁。20 世纪 80 年代中期，全世界地铁营运里程总计超过 3 000 千米。中国于 1965 年开始修建北京地铁，天津和上海也分别于 20 世纪 70 年代初和 20 世纪 80 年代初开始修建地铁。

　　地铁主要是由线路、列车、车站等组成的交通体系。此外，还有供电、通信、信号、通风、照明、排水等系统。地铁线路由路基与轨道构成，轨道与铁路轨道基本相同，它一般采用较重型的钢轨，多为混凝土道床或碎石道床。轨距一般为 1 435 毫米标准轨距。线路按所处位置分为地下、地面和高架线路三种。地下线路为基本类型；地面线路一般建在居民较少的城郊；高架线路铺设在钢或钢筋混凝土的高架桥上，避免与地面交通平交，并减少用地。地铁列车均采用由电力动车组成的动车组。地铁车站是列车到发和乘客集散的场所，一般建在客流量较大的集散地。地铁车站按站台形式分为三类：①岛式站台车站。站台位于两条线路之间，可以调节上下行不均衡的客流，充分利用站台面积，便于管理。它的应用比较广泛。②侧式站台车站。站台位于两条线路外侧，必须分别设置两个站台。③混合式车站。一个车站内既有岛式站台，又有侧式站台，它们之间用天桥或地道相连。混合式车站仅为多线车站所采用。地铁由设置

● 日本东京早期火车站

● 巴西亚马逊铁路

● 伦敦的第一条地下铁道

在沿线的牵引变电站向列车输送直流电，电压有 600 伏、750 伏、825 伏、1 000 伏和 1 500 伏等。前 4 种一般通过第三轨供电，1 500 伏的通过架空线供电。地铁照明等由降压变电站提供三相和单相交流电。地铁通信采用自动交换电话、调度电话、站间行车电话、无线通信、广播向导系统、电视监视系统、车辆段通信系统、公安电话、事故救援电话等完善的专用通信网。地铁行车信号采用轨道电路自动闭塞信号和电气集中设备。前者是以一段地铁线路的钢轨为导体构成电路，当这段线路被列车占用时，轨道电路就使信号机自动关闭而不使其他列车进入这段线路；后者是通过信号楼内的控制台控制全车站的信号机和道岔。地铁通风采用机械通风，有的国家还在地铁车站和列车上安设空调装置。地铁运营的基本要求是快速、准确、安全、舒适、有秩序地运送乘客。

意大利 1990 年建的一个地铁站

轻轨

　　轻轨交通是城市轨道交通的一种，也就是人们常说的快速有轨交通，是 20 世纪 70 年代发展起来的一种新型城市公共交通系统。因为它具有诸多优点，越来越被人们认可，成为当今世界上发展最为迅猛的轨道交通形式。其优点主要表现在以下几个方面。

地铁站

　　（1）运量大。这是相较普通的城市公共交通而言的，近些年逐渐发展起来的轻轨交通，大多采用电子控制的技术，较为先进的有轨电车可以拖挂单节或多节车厢，而其单向最高峰客流量可以达到每小时 3 万人次。

　　（2）噪声小、污染小。轻轨采用电力机车牵引，没有困扰城市环境的尾气，而且还可以将其产生的噪声控制在国家规定标准

斯德哥尔摩地铁

70 分贝左右。

（3）速度快、安全性高。速度和安全性在交通中一直以来似乎是一对不可调和的矛盾，轻轨却可以做到二者的有机统一，因为轻轨为有轨交通，在专用铁道上行驶，这样就可以避免经常发生交通事故，所以行车的安全性比无轨电车或公共汽车要大得多，几乎可以消除行车伤亡事故的发生。

（4）灵活性高、成本小。这是相较地铁等其他城市有轨交通来说的，轻轨可以采用多种形式的站台上、下乘客，而且可以采用混合路权的形式与其他有轨系统共享轨道，因此其投入的成本就非常小。

（5）整点运行。这可能是对乘客来说最具诱惑的一条，因为轻轨采用电子控制及专用轨道，不仅安全，而且整点准时。

正因为轻轨具有以上诸多优点，它成为现代化大都市公共交通的重要选择，与地铁、公路等公共交通共同组成了城市中立体交通网络，改善了城市中人口与交通的紧张关系，提升了城市人群的生活品质。

轻轨列车内部

空中飞行器

空中飞行器在现在越来越发达的社会中的作用极其重要，主要包括各式各样的飞机，如直升机、无人机、水上飞机等，不仅为人类的交通提供便利，更是一个国家军事力量的突出表现。

飞机

飞机是指有动力装置和固定机翼的重于空气的航空器。动力装置用于产生推(拉)力或动力升力，机翼用于在大气中运动时产生升力。也有人把气球、飞艇以外的航空器泛称为飞机。20世纪最重大的发明之一就是飞机。人类自古以来就梦想着能像鸟儿一样在太空中飞翔。2 000多年前中国人发明的风筝，虽然不能把人带上天空，但它确实可以称为飞机的鼻祖。20世纪初，美国的莱特兄弟在世界的飞机发展史上做出了重大的贡献。在当时，大多数人认为飞机依靠自身动力飞行完全不可能，而莱特兄弟却不相信这种结论。1900年至1902年，他们兄弟进行了1 000多次滑翔试飞，终于在1903年制造出了第一架依靠自身动力进行载人飞行的飞机"飞行者一号"，并且试飞成功。他们因此于1909年获得美国国会荣誉奖。同年，他们创办了"莱特飞机公司"。这是人类在飞机发展的历

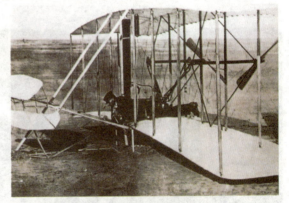

1903年12月17日莱特兄弟驾驶他们制造的飞行器进行首次持续的、有动力的、可操纵的飞行

史上取得的巨大成功。

　　飞机的发明也使航空运输业得到了空前发展，许多工业发展所需的种种原料拥有了新的来源和渠道，大大减轻了人们对当地自然资源的依赖程度。特别是超音速飞机诞生以后，空中运输更加兴旺，那些不宜长时间运输的动物和难以长期保存的美味食品，可以乘坐飞机跨越五湖四海，给世界各地的人们共赏、共享。

　　在人类向地球深处进军时，飞机也被广泛应用于地质勘探。人们使用装备了照相机或者肖兰导航系统电子设备的飞机，可以迅速而准确地对广大地区，包括因险峻而难以到达的地方进行测绘。把空中拍摄的照片一张张拼接起来，就可以绘制极好的地形图。这比古老的测绘方式要简便易行得多。就连冰天雪地、人迹罕至，一度只有探险人员涉足的北极和南极，现在乘坐飞机也可以毫无困难地到达。

　　飞机的主要组成部分有机体、起落装置、动力装置、飞行控制系统、机载设备及其他系统。作战飞机还有机载武器系统。

　　飞机的发明，使人们在普遍受益的情况下又产生了新的不满足。飞机起飞需要滑跑，需要修建相应的跑道和机场，这就带来了诸多不便，于是有人开始探索可以进行垂直起落的飞行器，即直升机。

直升机

　　1939年9月14日世界上第一架实用型直升机诞生，它是美国工程师西科斯基成功研制的 VS-300 直升机。西科斯基原籍俄国，1930年移居美国，他制造的 VS-300 直升机，有1副主旋翼和3副尾桨，后来经过多次试飞，将3副尾桨变成1副，这架实用型直升机成为现代直升机的鼻祖。VS-300 直升机诞生之后，影响巨大，

1939年9月14日世界上第一架实用型直升机诞生

尤其是从20世纪50年代开始，直升机的制造技术发展迅猛。20世纪50年代中期以前，直升机的动力装置处在活塞式发动机时期，此后就进入了涡轮喷气发动机时

直升机

49

期。旋翼材料结构技术也经历了这样几个阶段：20 世纪 40 年代至 20 世纪 50 年代为金属木翼混合结构；20 世纪 50 年代中期至 20 世纪 60 年代中期为金属结构；20 世纪 60 年代中期至 20 世纪 70 年代中期为玻璃纤维结构；20 世纪 70 年代中期以后发展为新型复合材料结构。

直升机的最大特点是以一个或多个大型水平旋转的旋翼提供向上升力。直升机可以垂直升降，也可以停留在半空不动(悬停)，或向后飞行，这一突出特点使得直升机在很多场合大显身手。直升机突出的反坦克能力更使它成为现代战争不可缺少的一环。直升机的缺点是旋翼阻力大、速度低、耗油量高、航程短，在战争中雷达反射面积大，易遭受地面单兵作战武器的袭击。

● 中国空军三种型号无人机

无人机

无人机的机体与飞机大致相同，机载飞行控制系统中除自动驾驶仪外还有程序控制装置、电子计算机、自动导航系统、遥控接收机、电视摄像机、遥测系统、自动起飞和着陆系统等设备，地面、舰上或母机遥控站的人员通过雷达等设备，对无人机进行跟踪、定位、遥控、遥测和数据传输。无人机的主要控制方式有无线电遥控和自动程序控制，因此无人机分为遥控和非遥控两大类，前者称遥控飞行器，美国统称为无人飞行器系统。在采取程序控制时，无人机的预定航迹和应急程序都事先编入程序控制装置中。在飞行中，程序控制装置自动输出信号，控制无人机按预定程序飞行。飞行姿态和高度则靠自动驾驶仪来保持，航向偏差则由自动导航系统加以修正。机上装有电视摄像机时，地面遥控站"驾驶员"还可随时掌握飞行现场的情况，实时地操纵无人机的飞行。这样的无人机就是原来意义上的遥控飞行器。

小型、低空、低速无人机多选用小功率的活塞式航空发动机作为动力装置，近程高速无人机多用火箭发动机。高速而远航的则用冲压发动机。但是，在高速无人机上用得最多的还是小型涡轮喷气发动机。无人机动力装置的特点是低成本和短寿命。无人机有效载荷因用途而异，可装有各种侦察、测试设备，电子对抗设备，应急自毁装置，甚至包括攻击或轰炸武器。起飞和回收无人机可由地面起飞，或由母机带到空中投放，或沿导轨发射。地面起飞的主要方式有以下三种。

（1）在地面或运载车的发射架上用助推火箭或压缩空气推动的弹射器弹射起飞。这种方式多用于小型低速无人机。

（2）在无线电遥控下像普通飞机一样滑跑加速起飞。飞机改装的无人机常用这种起飞方式。

（3）用遥控起飞滑跑车起飞。无人机在起飞滑跑车上加速到一定速度时锁定机构自动打开，无人机依靠机翼的升力脱离滑跑车升空。大多数无人机是多次使用的，其主要回收方式有：①自动着陆。由飞机

改装的无人机主要采用这种方式,自动着陆过程与普通飞机相同。②降落伞回收。机上带有回收伞,着陆时根据遥控指令抛出或自动抛出,回收伞下悬挂无人机,缓慢飘落到预定的水面或地面。③空中回收。无人机靠降落伞在空中飘落时,由直升机捕捉带回基地。④拦网回收。通过无线电遥控,控制无人机撞入弹性尼龙绳编成的回收网。

水上飞机

能在水面上起飞、降落和停泊的飞机,即水上飞机。水上飞机分为船身式和浮筒式两种:前者具有按水面滑行要求设计的特殊形状的机身即船身;后者一般把陆上飞机的起落架换成浮筒。船身式水上飞机又分为单船身式和双船身式两种,双船身式水上飞机较为少见。水上飞机在军事上用于海上侦察、反潜和救援活动,不需要跑道,使用灵活,机动性好,在民用方面因不受跑道限制,适合向大型发展。水上飞机的缺点是不能适应高速和超音速飞行,机身结构重量较大,抗浪性能要求高,维修不便,制造成本较高。水上飞机在海上的应用越来越多地被舰载直升机代替。现代水上

● 美国海军的垂直起降无人机

飞机主要用于海上反潜、体育运动和边远地区的救援活动。

1910 年 3 月 28 日,法国人法布尔设计的浮筒式水上飞机首次试飞,这是最早的水上飞机。飞机采用 3 个浮筒,结构笨重,操纵困难。1912 年美国人寇蒂斯制成第一架船身式水上飞机。在第一次世界大战中各国相继发展了大型多发动机船身式水上飞机,用于海上远程侦察和反潜作战。20 世纪 30 年代,水上飞机得到较大的发展,远程和洲际飞行为水上飞机所垄断,人们用水上飞机开辟了横越大西洋和太平洋的定期客运航线。第二次世界大战期间,水上飞机多用于侦察和海上救援任务,作用已远不如陆上飞机。战后,各国又开始研制涡轮喷气式和涡轮螺旋桨式水上飞机。20 世纪 50 年代后期,美国研制出"海上霸王号"P-6M。20 世纪 60 年代,日本研制的反潜水机 PS-1 号,装有 4 台涡轮螺旋桨发动机,由于采用了附面层吹除襟翼和喷溅抑制槽的技术,飞机具有较高的抗浪能力。

水上飞机在水面停泊和慢速滑行时完全靠水的浮力支持,航向操纵则靠水舵。多发动机水上飞机还可利用不对称的动力改变航向。在起飞滑跑时,水上飞机的重力由船身(或浮筒)底部的水动升力和机翼的升力共同平衡。起飞过程实质上是水动升力逐渐减小、气动升力逐渐增大的过程。当水上飞机的重力全部由气动升力平衡时,飞机离开水面飞起。

水上飞机采用上单翼布局,发动机装在机翼上面,使其远离水面,以防止在高速滑行中激起的水花(喷溅)冲坏襟翼和螺旋桨或海水进入发动机。单船身(或单浮筒)式水上飞机的重心高于浮心,为保持横侧稳定,在机翼外侧下方还装有小型支撑浮筒。船身和浮筒的底部为 V 形,纵向有一个

或两个台阶,称为断阶,用以减小起飞离水时的水动阻力。V形底面可减小滑行时船身的遇浪冲击及降落时水对船身的冲击作用。水上飞机需要经常上岸维修和停放,为了便于上、下水,水上飞机还装有类似陆上飞机起落架的上、下水装置,在上岸前安装在水上飞机上,下水后拆卸掉。水上飞机的船身和浮筒结构要求密封,机上所有部分和设备都应经过严格的防腐蚀处理。

伞翼机

伞翼机是以伞翼为升力面的重于空气固定翼航空器。伞翼位于全机的上方,用纤维织物制成的伞布形成柔性翼面。翼面一般由左、右对称的两个部分圆锥面组成。伞翼的平面形状由充气骨架或铝管保持,利用迎面风吹鼓伞布,形成产生升力的翼面。伞翼使用方便,可以快速装配和收叠存放。20世纪50年代初期,最早出现的伞翼机用绳索把载荷系留在伞翼的下方,形如降落伞,但伞翼和降落伞的工作原理不同。伞翼的织物不透气,以便具有与正常飞机类似的气动特性。伞翼本身的升阻比较低。伞翼机按有无动力分为伞翼滑翔机和动力伞翼机(伞翼飞机)。初始的伞翼机是在伞翼(悬

伞翼机

挂)滑翔机上安装一台小型发动机,这种飞机装上起降用的轮子、两三个方向的操纵装置和座舱便成为一种超轻型飞机。伞翼机结构简单、重量轻,可在18°~30°的迎角(相对于龙骨的迎角)下安全飞行,最大速度一般不超过70千米/时,转弯半径可小到30米以下,操纵简单,空中停车后仍有一定滑翔能力,适合低空作业。它起飞和着陆滑跑距离短,只需百米左右的跑道。由于伞翼为柔性翼面,不宜在温度0℃以下穿云飞行,因此伞翼机的飞行高度一般不超过2 000米。伞翼飞机翼面大,翼载荷仅为100帕,不适合在2级以上的侧风中起飞和着陆。伞翼飞机可用于低空农林作业、查线、探矿、水文测量、运动和娱乐。

超轻型飞机

超轻型飞机是最轻的一类飞机,是20世纪70年代以来迅速发展起来的。它与轻型飞机的区分尚无严格统一的规定。一般认为,超轻型飞机的空机重量不应超过115千克(单座飞机)和150千克(双座飞机),最大速度不超过100千米/时,失速速度不超过44千米/时,空机单位机翼面积的载荷不超过100帕,乘员不超过2人。20世纪70年代中期,有人在简便的悬挂滑翔机上装一台小型活塞发动机,后来又装上机轮、升降舵、副翼或扰流片等,这种飞机成为初期的超轻型飞机。由于构造简单、重量轻、价格便宜、易于驾驶和几乎不需要维护,超轻型飞机作为娱乐和体育运动器材受到人们喜爱。

初级超轻型飞机的机翼多用铝管作骨架,蒙以聚酯纤维织物并用钢索加固。这种构造重量较轻,但阻力大。气动外形较好的超轻型飞机常用泡沫塑料和玻璃纤维制造流线型的机翼和机体。超轻型飞机一般以

超轻型飞机

零组件状态装箱出售，由用户在飞行现场按说明书装配成整机。超轻型飞机不需要取得适航证书，也没有航行管理条例，只要飞行高度在100米以下并离开机场、航线、公路和人口稠密的地区，就可以在白天不限时地飞行，也不要求飞行员取得驾驶执照。20世纪80年代以后，天空中超轻型飞机增多，已威胁到正常航线飞机的安全，因此各国不同程度地加强了对它们的管理，如要求飞行人员有驾驶执照，规定了这种飞机的适航条例等。

超轻型飞机主要用于娱乐和体育运动，进一步发展有可能在农业、林业、牧业、渔业、侦察、巡逻和短途交通等方面得到应用。

太阳能飞机

太阳能飞机是以太阳辐射作为推进能源的飞机。太阳能飞机的动力装置由太阳能电池组、直流电动机、减速器、螺旋桨和控制装置组成。由于太阳辐射的能量密度

小，为了获得足够的能量，飞机上应有较大的摄取阳光的表面积，以便铺设太阳能电池，因此太阳能飞机的机翼面积较大。20世纪70年代末，人力飞机的发展积累了制造低速、低翼载、重量轻的飞机的经验。在这一基础上，美国在20世纪80年代初研制出"太阳挑战者号"单座太阳能飞机。飞机翼展14.3米，翼载荷为60帕，飞机空重90千克，机翼和水平尾翼上表面共有16 128片硅太阳电池，在理想阳光照射下能输出3 000瓦以上的功率。这架飞机于1981年7月成功地由巴黎飞到英国，平均时速54千米，航程290千米。太阳能飞机还处于试验研究阶段，它的有效载重和速度都很低。有人提出设计一种无人驾驶的高空、低速、遥控太阳能飞机，白天飞行时利用取得的太阳辐射尽量爬高（或贮能于蓄电池内），夜间利用高度（或由蓄电池取得能量）进行滑翔飞行。这样依靠取之不尽的太阳能，可维持长时期的飞行。这样的飞机可用于气象观测和执行侦察任务。

● 太阳能飞机

喷气飞机

　　喷气飞机是用喷气发动机向后喷射高速气流产生推力的飞机。按使用的喷气发动机类型的不同,分为涡轮喷气飞机、冲压发动机喷气飞机、火箭飞机和组合动力装置的喷气飞机。现代使用的喷气飞机几乎都属于涡轮喷气飞机,它是指以涡轮喷气发动机或涡轮风扇发动机为动力装置的一类飞机。其他各类喷气飞机仅少量用作靶机、无人驾驶飞机和试验研究机。

　　1939 年 8 月 27 日,第一架涡轮喷气飞机试飞成功,它装有一台轴流式涡轮喷气发动机,仅用作试飞。1941 年,英国试飞了一架装有一台离心式涡轮喷气发动机的飞机。第二次世界大战末期,已有少量喷气飞机开始服役,最早投入作战的喷气飞机是德国的 Me-163B 战斗机。它的最大时速为 960 千米,由于耗油量太大,在空中只能飞行 8~10 分钟。最早使用的涡轮喷气飞机是德国的 Me-262 战斗机和英国的流星战斗机,它们都装有两台涡轮喷气发动机,单台推力约 8 830 牛(900 千克力),速度分别为 871 千米 / 时和 794 千米 / 时,超过当时最快的活塞式战斗机(750 千米 / 时)的速度。

　　第二次世界大战以后,各国研制的喷气战斗机大量服役,很快取代了活塞式战斗机。这些飞机安装的是涡轮喷气发动机,但外形与螺旋桨飞机相似,最大速度为 900 千米 / 时。20 世纪 40 年代末,涡轮喷气发动机的推力增大,再加上采用后掠机翼,喷气飞机的速度增加到 1 000 千米 / 时。这一时期,代表性的飞机有美国的 F-86 战斗机、B-47 轰炸机和苏联的米格-15 战斗机等。20 世纪 50 年代的喷气战斗机采用了带加力燃烧室的涡轮喷气发动机和符合面积律要求的飞机外形,速度超过音速,并很快达到两倍音速。晚些时候,又出现超音速喷气轰炸机和侦察机等。代表性的超音速喷气飞机有美国的 F-4 战斗机和 F-104 战斗机、苏联的米格-21 战斗

惠特尔向人展示喷气发动机的内部结构

1952 年英国开通第一条喷气式客机航班

德国的 Me-262 喷气式战斗机

上海航空公司的 CRJ200 支线喷气飞机

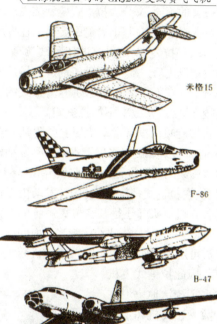

米格15

F-86

B-47

早期的高亚音速喷气飞机

研究和试验了其他类型的喷气飞机。1947 年 10 月 14 日，美国的一架用于研究超音速飞行的火箭飞机 X-1 首次突破音障，飞行速度达到马赫数（飞机的飞行速度与当地大气中的音速之比）1.015。1967 年，X-15A 火箭飞机在 3 万米高空创造了马赫数 6.72 的载人飞行速度纪录。1949 年，法国试飞第一架冲压发动机的喷气飞机"勒

机、法国的幻影Ⅲ等。在这一时期，还广泛

杜克",1953 年又试飞一架冲压与涡轮喷气组合动力的喷气飞机。涡轮喷气飞机的速度纪录是由美国的试验机 SR-71A 在 1976 年 7 月 28 日创造的,为 3529.56 千米 / 时。

螺旋桨飞机

　　螺旋桨飞机按发动机类型不同,分为活塞式螺旋桨飞机和涡轮螺旋桨飞机。人力飞机和太阳能飞机通常都用螺旋桨推进,属于螺旋桨飞机的范围。按螺旋桨与发动机相对位置的不同,又分为拉进式螺旋桨飞机和推进式螺旋桨飞机。前者的螺旋桨装在发动机前面,"拉"着发动机前进;后者螺旋桨装在发动机之后,"推"着发动机前进。早期的飞机中曾有不少是推进式的。这种形式的缺点较多,螺旋桨效率不如拉进式高,因为拉进式螺旋桨前没有发动机短舱的阻挡。此外,在推进式螺旋桨飞机上难以找到发动机和螺旋桨的恰当位置,特别是装在机身上。相反,在拉进式螺旋桨飞机上,发动机无论是装在机身头部还是装在机翼短舱前面都很方便。装在机翼上时,螺旋桨后面的高速气流可用来增加机翼升力,改善飞机起飞性能,因此拉进式飞机占据了统治地位。在少数大型飞机和水上飞机上,发动机多至 8 台 ~ 12 台,将发动机前、后串置在短舱上,形成拉进和推进的混合型。

　　螺旋桨飞机的结构比较复杂,为了降低转速和提高螺旋桨效率,绝大多数发动机装有减速器。这类飞机的发动机装有滑

油散热器,液冷活塞式发动机还装有冷却液散热器。桨毂和发动机均有流线型外罩,以减小阻力。机身前部的发动机和螺旋桨往往影响飞行员的视线,个别飞机将发动机安排在座舱下方,用一长轴与机头的螺旋桨相连,如美国的 P-39 战斗机。有的飞机将座舱偏置在机翼一侧改进前方视线,成为特殊的不对称飞机,如德国的 BV-141 侦察机。头部装有机枪的拉进式战斗机需要采用协调机构,以保证子弹从旋转着的螺旋桨桨叶中间发射出去。有的飞机将机炮炮管装在螺旋桨轴内,炮弹由桨轴内的炮管射出。螺旋桨旋转时产生一个反作用扭矩,大功率发动机的飞机常用较大的垂直尾翼或偏置垂直尾翼产生的力矩来加以平衡,也可以采用反向旋转的同轴螺旋桨抵消反作用扭矩,如苏联的安 -22 运输机。

　　早期的飞机都采用固定桨距螺旋桨。飞行速度若大于 200 千米 / 时,则需要采用变桨距螺旋桨,才能提高螺旋桨的效率,但这种螺旋桨构造复杂,成本较高,只用于一些速度较高、功率较大的飞机。在第二次世界大战中,为了进一步提高飞机的高空

螺旋桨飞机

性能,有些飞机还装有废气涡轮增压器,利用废气来增加进气的压力,如美国的 B-24 轰炸机、P-47 战斗机等。20 世纪 70 年代后期,一些通用航空飞机也采用废气涡轮增压器来提高飞行性能。

滑翔机

滑翔机是没有动力装置、重于空气的固定翼航空器,它可由飞机拖曳起飞,也可用绞盘车或汽车牵引起飞,更初级的还可从高处的斜坡上下滑到空中。在无风情况下,滑翔机在下滑飞行中依靠自身重力的分量获得前进动力,这种损失高度的无动力下滑飞行称为滑翔。在上升气流中,滑翔机可像老鹰展翅那样平飞或升高,通常称为翱翔。滑翔和翱翔是滑翔机的基本飞行方式。现代滑翔机主要用于体育运动,分初级滑翔机和高级滑翔机。前者主要用于训练飞行,有双座和单座两种;后者主要用于竞赛和表演,有的还可以完成各种高级空中特技,如翻筋斗和螺旋等。20 世纪 70 年代以后,原始的悬挂滑翔机在现代科学技术的基础上(主要是结构材料的改进和制造工艺水平的提高)开始复苏,吸引了大量飞行爱好者。

滑翔机是人类制造的最早飞翔在天空中的重于空气的航空器。1852 年,英国的凯利最先制造出不可操纵的滑翔机。1891 年,德国飞行家李林塔尔制造出可以操纵的悬挂滑翔机。它的操纵非常简单,飞行员悬挂在机翼下面,靠挪动身体改变重心,以控制滑翔的俯

仰、航向和横侧姿态。滑翔机的起飞助跑和着陆全靠飞行员的两腿。这种简陋的滑翔机很快就被带有操纵机构的滑翔机取代,并在底部装上了滑橇或轮子。第一次世界大战后,滑翔机的操纵方式已与飞机相似,即用驾驶杆操纵升降舵和副翼,用脚蹬操纵方向舵。在第二次世界大战中,大型滑翔机

▼ 滑翔机模型

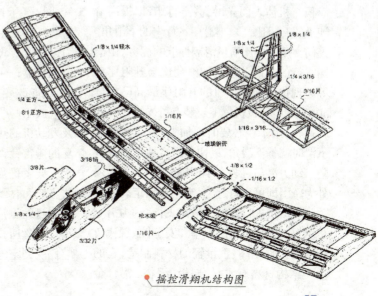

▼ 摇控滑翔机结构图

德国人李林塔尔的滑翔机模型

曾经用来向敌后空运武装人员和物资。尽管滑翔机载重量比较小（最大的不超过6吨），但由于没有采用动力，可以在夜间飞越严密设防的战线而不被察觉。

滑翔机具有与飞机明显不同的狭长机翼（较大的机翼展弦比），机身外形细长，呈流线型。高级滑翔机的机翼展弦比可达30以上，驾驶员躺卧舱中，以便减小机身横截面积。机体表面光滑，甚至打蜡，以提高滑翔机的升阻比，减小滑翔飞行中的下滑角。人们常用滑翔比衡量滑翔性能的优劣。由滑翔飞行的平衡关系可知滑翔比与升阻比相等。现代高级滑翔机的升阻比最高已超过50。有的滑翔机机翼上还装有可操纵打开的减速板，用于在必要时增加阻力，或在着陆下滑时调整下滑角，以便在指定地点准确着陆。动力滑翔机装有小型辅助发动机，无须外力牵引即可自行起飞，当到达预定高度时关闭发动机进行基本的滑翔飞行。动力滑翔机可提高训练飞行的效率和安全性。现代滑翔机采用强度高、重量轻的材料制造，它的主要结构材料有木材、层板、织物、铝合金和玻璃钢等。20世纪70年代以后，出现了用碳纤维复合材料制造的高级滑翔机。现代悬挂滑翔机的机翼大多为伞翼，其平面形状为三角形或矩形，在锥形骨架上铺有不透气的合成纤维布料。

飞艇

飞艇亦称"飞船"，是气球的一种，贮氢气或煤气于长椭圆形或梭形的气囊中，因这些气体较空气轻，故飞艇能借空气之浮力以上升。飞艇囊下有艇，内装发动机、舵及推进器，用发动机旋转推进器，则艇前进，用舵改变方向。飞艇欲下降，可将气囊中气放出一些。气囊畏惧落雷、太阳辐射热及发动机的热，容易爆破而损坏，故须装特异的避雷针，涂善于反射光的物质。艇内有铝支架者称为"硬式飞艇"，不用架者称"软式飞艇"。无论是气球还是飞艇，都利用它们本身的重量加上所载的物体和人的重量小于气囊所排出空气的重量，也就是小于它们受到空气的浮力，才能上升。由于高空

浮力。氢气和氦气密度小，比空气轻，因此氢气球和氦气球气囊下方都是封闭的，不需要进行加热。氢气易燃，氦气比较安全。

错综复杂的空中航线把世界各国连接起来，为人们提供了既方便又迅速的航空运输。早在 20 世纪 20 年代，航空运输就开设了定期航班，运送旅客和邮件。如今，空中航线更是四通八达，人们随时都会看见银色的飞机，如同一只大鸟，在蔚蓝的天空中一掠而过。对于现代人来说，早晨还在北京，下午已毫无倦意地出现在千里之外的另一座城市，已经是十分平常的事了，而在 20 世纪以前则是不可思议的。从此，险峻的高山、一望无际的大洋不会再让人望而生畏。一只只"银燕"把不同地区的不同种族、不同肤色的人们紧密地联系起来。通过不断的交流，人们播种友谊，传达信息，相互沟通、相互理解，相互促进，共同推动人类文明的发展。

● 飞艇

的空气稀薄，空气的密度小，因此气艇在上升的过程中越升高，受到的浮力越小。当升到一定的高度时，即浮力等于气艇的重量时，气艇就不再上升了。当需要下降时，只要将气囊中的气体放出一些，使气囊的体积减小，气艇所受的浮力减小，即可下降。

气球

气球是一种没有推进装置，完全靠风力飘飞的航空器。它由气囊和吊篮组成。气囊使用橡胶布、塑料薄膜或尼龙布等材料制成，里面充满轻于空气的气体。吊篮位于气囊之下，内装各种仪表、设备。气球可分为热气球、氢气球和氦气球。热气球利用位于气囊下方开口处的加热器对空气进行加热，使气囊内的空气密度减小，从而产生静

● 热气球

宇宙飞行器

宇宙飞行器又称"航天器"，是在地球大气层以外宇宙空间运行的各类人造天体的统称。宇宙飞行器主要有宇宙飞船、轨道空间站和航天飞机等。

宇宙飞船

宇宙飞船是靠宇宙火箭发射到地球外面的太空中去的飞行器，它能把人带到宇宙中旅行和进行科学考察。在宇宙飞船里，有人类生活需要的设备和各种各样的科学仪器。现在，人类已经驾驶宇宙飞船在太空中飞行，飞到了月球上，将来还要坐宇宙飞船飞到别的行星上去。宇宙飞船有载人飞船和货运飞船。载人飞船是提供宇航员在外层空间生活和工作，并返回地面的航天器，其运行时间有限，仅能使用一次。宇宙飞船可以独立进行航天活动，也可作为往返于地面和空间站的"渡船"，还能与空间站或其他航天器对接进行联合飞行。货运飞船不载人，专门为空间站运送食品、氧气、水、空气、实验设备和燃料等货物，如俄罗斯的"进步号"货运飞船，以及欧洲的"自动转移飞行器"货运飞船。

载人宇宙飞船

载人宇宙飞船是一种在太空和地面间往返的运输器，也是载人航天器中最小

● 我国的神舟六号载人航天飞机点火升空

的一种。每艘飞船只能使用一次，在太空中一般可以单独飞行几天到十几天。它也能作为往返于地面和太空站之间、地面和月球之间及地面和行星之间的"渡船"，还可与空间站或其他航天器对接进行联合飞行。

除了载人飞船，还有货运飞船和载人货运混合式飞船，它们均是为载人航天服务的。

载人宇宙飞船可分为卫星式、登月式和行星际式3种。前两种已在20世纪发射成功，后一种有望在21世纪实现，并且很可能是载人火星飞船。

目前，发射最多、用途最广的飞船是卫星式载人飞船。这种飞船像卫星一样在离地球几百千米的近地轨道上飞行，完成任务后其部分舱段沿弹道式或半弹道式路径返回地面。

卫星式载人飞船现有单舱式、两舱式和三舱式3种。其中，单舱式最为简单，只有座舱；两舱式次之，由航天员的座舱和提供动力、氧气及水的服务舱组成；三舱式最为复杂，它比两舱式多一个轨道舱，用于为航天员增加一些活动空间，以及进行某些实验性科研。

登月式载人飞船在两舱式飞船的基础上增设一个载人登月用的登月舱。这样，登月飞船进入月球轨道后，航天员便可乘登月舱在月面着陆，完成月面考察任务后，再乘登月舱飞离月面，与在月球轨道上飞行的飞船会合，一起返回地球。

货运飞船

相对于载人飞船来说，货运飞船比较简单，它主要是给空间站航天员运送补给物资的，故没有生命保障系统。它能与空间站对接并联体飞行，完成任务后可自动脱离。俄罗斯的货运飞船，初期为"联盟号"，后改进为"进步号"。欧洲航天局的"自行转移飞行器"货运飞船问世之后，成为世界上第4种投入使用的该种航天器。

轨道空间站又名空间站、航天站，指地球卫星轨道上的大型载人飞行器，具有生活设施和工作设备，供宇航员长期生活和工作。主其要任务是进行天文观测、空间科学研究、医学和生物研究、对地观测、在失重和真空条件下的特殊材料制造加工等。

美国的阿特兰蒂斯号航天飞机

1957 年 10 月 4 日，苏联第一颗人造卫星上天

人造地球卫星

人造地球卫星是环绕地球在空间轨道上运行的无人航天器，简称"人造卫星"或"卫星"。通信及广播卫星、对地观测卫星和导航定位卫星，都是开发相对于地面的高位置空间资源的航天器，这类航天器一般又称为应用卫星。应用卫星是直接为国民经济、军事和文化教育等服务的人造卫星，是当今世界上发射最多、应用最广泛的航天器。

人造卫星的运动轨道取决于卫星的任务要求，分为低轨道、中高轨道、地球同步轨道、地球静止轨道、太阳同步轨道、大椭圆轨道和极轨道。人造卫星绕地球飞行的速度快，低轨道和中高轨道卫星一天可绕地球飞行几圈到十几圈，不受领土、领空和地理条件限制，视野广阔。它能迅速与地面进行信息交换，包括地面信息的转发，也可获取地球的大量遥感信息，一张地球资源卫星图片所遥感的面积可达几万平方千米。在卫星轨道高度达到 35 800 千米，并在地球赤道上空沿地球自转同一方向飞行时，卫星绕地球旋转周期与地球自转周期完全相同，相对位置保持不变。此卫星从在地球上看是静止地挂在高空的，称为地球静止轨道卫星，简称静止卫星，这种卫星可实现卫星与地面站之间不间断的信息交换，并可大大简化地面站的设备。目前，绝大多数通过卫星的电视转播和转发通信是由静止通信卫星实现的。1957 年 10 月 4 日，苏联第一颗人造地球卫星发射成功，揭开了人类向太空进军的序幕。

空间探测器

空间探测器是对月球、行星和行星际空间进行探测的无人航天器，又称深空探测器。探测的主要目的是，了解太阳系的起源、演

人造地球卫星"东方红三号"

苏联发行的"月球17"号探测器邮票

变和现状；通过对各主要行星的比较研究，进一步认识地球环境的形成和演变；探索生命的起源和演变；等等。空间探测器实现了对月球和行星的逼近观测和直接取样探测，开创了人类探索太阳系天体的新阶段。

空间探测器是在人造地球卫星的技术基础上发展起来的。空间探测器的组成部分与人造地球卫星类似，但是其专用的仪器设备和飞离地球的初始速度（要求大于第二宇宙速度）与人造地球卫星有明显的不同。此外，与人造地球卫星比较，空间探测器在技术上还有一些显著的特点。在制导方面，由于空间探测器飞离地球几十万到几亿千米，入轨时的速度大小和方向稍有误差，到达目标行星时就会出现很大的偏差。例如，火星探测器入轨时，速度误差1米/秒（约为入轨速度的万分之一），到达火星时距离偏差约十万千米。因此，在漫长的飞行期间必须保证精确的控制和导航。月球探测器通常是靠地面测控网和空间探测器的轨道控制系统进行控制的。而对于行星际飞行，由于距离遥远，无线电信号传输时间长，地面不能进行实时遥控，探测器的轨道控制系统必须有自主导航的能力。在电源方面，由于太阳光的强度与太阳距离的平方成反比，外行星远离太阳，那里

的太阳光很弱，因此外行星探测器可利用太阳能电池。在结构方面，由于空间探测器面对到十分严酷的空间环境条件，有的需要特殊的防护措施。

火箭

火箭是将航天器送入太空的必备工具。它是人类摆脱地球引力而进入太空世界的桥梁，因此我们又可以称火箭为"飞天之舟""登天云梯""航天之桥"。

火箭的类型很多，按火箭所使用的推进剂的形态分为固体火箭、液体火箭和固液混合式火箭。

（1）固体火箭

固体火箭就是使用固体状态推进剂作

美国的卡西尼空间探测器

为发动机燃料的火箭。推进剂中的氧化剂和燃烧剂，以及所需要的添加剂等预先混合在一起，在其为液体时，浇注到发动机的燃烧室内，经凝固而成为固态。

（2）液体火箭

液体火箭就是其发动机采用液体状态的推进剂的火箭。液体火箭推进剂包括氧化剂和燃烧剂两种。按推进剂液态时的温度分为常温推进剂和低温推进剂两种。

（3）固液混合式火箭

固液混合式火箭，顾名思义就是既用了固体推进剂，又用了液体推进剂的火箭。有两种说法：一是推进剂中的一种采用液体，而另一种则采用固体；二是同一运载火

箭不同级和不同用途的发动机采用不同的推进剂。

在多级火箭中，按各级间的连接形式分为串联式多级火箭、并联式多级火箭和串并联混合式火箭。

（1）串联式多级火箭

串联式多级火箭就是将多个火箭通过级间连接／分离机构连成一串，第一子级在最下面，先工作，工作完成后通过连接／分离机构被抛掉。接着，上面级依次工作，并依次被抛掉，直至有效载荷进入轨道。

（2）并联式多级火箭

并联式多级火箭就是将多个火箭并排地连在一起，周围的子级火箭先工作，工作

美国的宇宙神–5运载火箭

火箭

完成后被依次抛掉，中央的芯级火箭最后工作，这种连接方式的火箭又称为捆绑式火箭。

（3）串并联混合式多级火箭

顾名思义，串并联混合式多级火箭就是既有串行连接又有并行连接的火箭，芯级火箭通常是多级火箭，而且其各个子级火箭采用串联连接，同时在芯级第一子级火箭周围并联连接若干个助推器构成的。

火箭的用途是相当广泛的。例如：用于农业的增雨火箭和冰雹火箭；用于气象参数测量的气象火箭；用于地球物理参数测量的地球物理火箭；等等。还有用于军事的军用火箭，即我们通常说的导弹，它实际上是以火箭为运载工具，在火箭上装作战用的战斗部（导弹）而构成的，如导弹式导弹、防空导弹、反导弹导弹、反坦克导弹等，都是以火箭发动机为推动力的作战武器。再有就是用于航天活动的运载火箭，如发射人造地球卫星的运载火箭、发射太空探测器的运载火箭、发射载人飞船的运载火箭，甚至目前的航天飞机也都是用火箭送入太空的。

第二章 交通运输

　　交通运输是指用交通工具把物资或人从一个地方运到另一个地方。现代化的交通运输系统由铁路、水路、公路、航空、管道等部分组成。各种运输方式各有自己的优势与特点：铁路运输能力较大，速度较快，成本较低，适于中长距离货运；公路运输投资相对较小，机动灵活，可实现门到门的运输，适于短途客货运输；水路运输具有运量大、能耗少、成本低，以及基建设施投资少的优点，但速度慢，适于大宗散货运输；管道运输成本低，可连续输送，适于流体和其他散粒状货物运输；航空运输速度快，但成本高，适于中、长距离的客运与邮件运输。在世界范围内，公路运输的客、货运量居各种运输方式之首。未来交通运输的发展趋势是：以信息技术为先导，旅客运输向更加高速、舒适、安全的方向发展，如高速铁路、航空和高速公路的汽车运输；货物运输向重载、快速的方向发展，如铁路的重载列车、高速公路的大型集装箱货车运输等。

道 路

原始的道路是由人践踏而形成的小径。东汉训诂书《释名》解释道路为"道，蹈也，路，露也，人所践蹈而露见也"。中国有记载，距今 4 000 年前的新石器时代晚期，役使牛马为人类运输而形成驮运道，并出现了原始的临时性的简单桥梁。相传，中华民族的始祖黄帝，因看见蓬草随风吹转而发明了车轮，于是以"横木为轩，直木为辕"制造出了车辆，对交通运输做出了伟大贡献，故人们尊称黄帝为"轩辕氏"。随着车辆的出现，产生了车行道，人类陆上交通出现了新局面。现代的公路是联结城市、乡村，主要供汽车行驶的具备一定技术条件和设施的道路。公路按行政等级可分为国家公路、省公路、县公路和乡公路（简称为国道、省道、县道和乡道），以及专用公路 5 个等级。一般把国道和省道称为干线，县道和乡道称为支线。专用公路是指专供或主要供厂矿、林区、农场、油田、旅游区、军事要地等与外部联系的公路。专用公路由专用单位负责修建、养护和管理，也可委托当地公路部门修建、养护和管理。公路按使用任务、功能和适应的交通量分为高速公路、一级公路、二级公路、三级公路、四级公路 5 个等级。高速公路为专供汽车分向、分车道行驶并应全部控制出入的多车道公路；一级公路为供汽车分向、分车道行驶并根据需要控制出入的多车道公路；二级公路为供汽车行驶的双车道公路；三级公路为主要供汽车行驶的双车道公路；四级公路为主要供汽车行驶的双车道或单车道公路。

古驿道

古驿道主要用于中央政府与地方的各种政务、经济、军事等公文信息传递，物资运输，军队调动，军队后勤补给和官员出差、调任与巡视。它是中央政府对边疆地区进行政治控制的重要手段。而驿站是沿驿道设立的负责官方接待、信息传递、道路管理和军队供给的机构。驿道和驿站合称为驿传系统，作用相当于今天的邮政电信、政府招待所和兵站。驿是古代对行省区驿传设置的称呼。台、站则指边疆地区的驿传设置。作为清代驿传系统主体的驿站，在功能上与以往各代的驿站有所不同。在以前，驿站并不同时具备文报传递、官员接待、物资运输 3 项功能，清代的驿站则集 3 项功能于一体。由于驿传系统对全国统治的重要

● 秦古驿道

古栈道

栈道又称阁道,分两种。一种是置于建筑之间的空中通道,如在西汉长安城中,长乐宫、未央宫、建章宫与桂宫、北宫之间所建的阁道。不过,宫殿之间的阁道系宫室建筑,离地较高,长度亦远,故建有屋顶及两侧护壁,以避风雨日照。而坞堡阁道的主要功能在于方便各碉楼之间的联手防卫,故仅有两侧之围栏而无顶盖。另一种是通行于悬崖峭壁的通道,如秦、汉时由关中越秦岭至巴蜀的山道险途。其构造方式为先沿石壁开出宽1米~2米石道,上横铺木梁木板,或在崖壁上横向凿孔,以插入粗木梁,并下加斜撑。梁上再铺厚木板,又于路之旁侧加构铁链或木栏。道宽约5米~6米,可容车马并行。其上部分亦可建屋盖。在栈道路面距谷底较近的情况下,梁下斜撑改用直柱支撑。这种措施对结构有利,但山洪过大时,易将支柱摧毁。秦朝人修建的

地位,历代都是由朝廷兵部直接进行管辖。驿传系统是指以驿站为主的信息传递方式的总和。从功能上来说,驿传系统集官员接待、文报传递和物资运输于一体。从信息传递的角度来说,官员出行可以看作信息传递的特殊方式,交通运输在很多情况下也能被视为信息传递的结果。驿传制度历来是封建国家机器中不可缺少的部分,是封建王朝对全国各地进行有效统治的重要手段。明清两代的驿站和驿道遍及全国,许多驿道不仅畅通无阻,而且递送驿客和公文也颇为迅速。为了保证文报传递的高效与严密,清政府对各种文报的传递时限做了严格的规定,若不依限传递,要按例惩处。1913年1月,北洋政府以中央命令的形式将驿站全部裁撤,至此绵延3 000年的中国驿站史终止,但中国境内个别地区仍有驿站存在,并继续行使着其职能。

● 明月峡古栈道

入蜀栈道至东汉末仍然保存并继续使用，如自关中通往汉中之子午道及其西之褒斜道，通大散关之故道及自傥水河口至骆山谷的傥骆道，均为商旅往来及军事运输的必经之途。除此之外，尚有汉武帝征四川时所开的樊道栈道及黄河三门峡的漕运栈道等，均屡见于文史。可惜，此等栈道多数在东汉末年及三国时毁于战火。

梅关古道

梅关古道始通于秦汉，是古代沟通中原与岭南的五条交通要道之一。唐开元四

梅关古道上的梅关

年（716年），为适应当时南北经济文化交流的需要，张九龄又奉诏另凿新道。前后用了两年的时间，开通了一条宽约3米、长15千米，两旁广植松梅的大道。现存的梅关古道约8千米，路面铺砌青石的鹅卵石。在古代，它是连接长江、珠江水系最短的陆地交通要道，曾被誉为中国南北贸易的"黄金通道"。在太平盛世、经济繁荣的唐代，古驿道上并未设立关卡，军队驻守也时有时无。到了宋代，广盐入赣，为加强管理、增加关税收入，公元1063年，南安知军蔡挺在

驿道口建筑关楼，并将其命名为梅关。位于粤赣交界之处梅岭之上的古驿道除了在经济上曾经做过卓越的贡献，还是历代兵家活动要寨。早在公元前214年，赵佗就率秦军经过梅岭入粤，在岭口设横浦关。辛亥革命后，孙中山又两次督师度岭北伐。而古驿道两旁林立的花中君子——梅，每至寒冬，竞相怒放，其景致娇艳独特。古道上，梅岭是粤赣交界的一个隘口，梅关是南岭上最重要的关隘之一，关上耸立的关楼为北宋时筑。关楼拱门两面嵌石刻，北为"南粤雄关"，南为"岭南第一关"。

徽杭古道

徽杭古道西起安徽省宣城市绩溪县伏岭镇，东至浙江省杭州市临安区清凉峰镇，

徽杭古道

全长20余千米，是古时联系徽州与杭州的重要纽带。徽州今分属安徽省与江西省，北靠黄山，南依天目，生存资源的匮乏使得当地人民自宋朝以来就不断向外寻求发展。一代代的徽州人贩运盐、茶、山货，走出了

一条条饱含风霜的经商之路，徽杭古道即其中之一，位于皖浙两省交界清凉峰国家自然保护区北侧，是古时徽商入浙的要道，比绕道昱岭关近百余公里。自安徽省宣城市绩溪县伏岭镇逍遥乡起，经遥遥岭、马头岭、雪堂岭而达浙西临安区马啸乡止，全长20余千米。沿途山势险峻，怪石嵯峨，高峰巨岩，南北夹峙，中有逍遥溪水蜿蜒其间。在徽杭古道上，每隔2.5千米就设一个茶亭，供过往路人休息。过去与绩溪相毗邻的昌化用自己纺织的棉织品沿古道到绩溪换回粮食与棉花；因此古道成为两地人的生命线。时至今日，古道还是当地老百姓的一条重要交通渠道。保存最完整的一段古道是绩溪县境内的盘山小道，长度大约为2.5千米，这是徽杭古道的精华所在。

丝绸之路

丝绸之路，是西汉时张骞出使西域开辟的从西安经甘肃、新疆，到中亚、西亚，并联结地中海各国的陆上通道。因为由这条路西运的货物中以丝绸制品的影响最大，故得此名。丝绸之路基本走向定于两汉时期，包括南道、中道、北道三条路线。广义的丝绸之路指从上古时期开始陆续形成的，遍及欧亚大陆，甚至包括北非和东非在内的长途商业贸易和文化交流线路的总称。除了上述的路线，还包括在南北朝时期形成、在明末发挥巨大作用的海上丝绸之路和与西北丝绸之路同时出现，在元末取代西北丝绸之路成为路上交流通道的南方丝绸之路，等等。公元前139年和公元前119年，张骞两次出使西域，开辟了中外交流的新纪元。从此，各国使者、商人沿着张骞开通的道路，来往络绎不绝。这条东西通路，将中原、西域与阿拉伯、波斯湾紧密联系在一起。经过几个世纪，丝绸之路向西伸展到了地中海，广义上丝绸之路的东段已经到达了韩国、日本，西段至法国、荷兰。海路还可达意大利、埃及，成为亚洲和欧洲、非洲各国经济文化交流的友谊之路。

茶马古道

中国西南部各民族的经济、文化交往密切，源远流长。古时的西藏，当地居民以游牧为主，多食肉、奶，而鲜有蔬菜，维生素丰富的茶叶成为高原居民生活的必需品。宋朝时，滇、藏、川的茶马互市频繁，明清茶马互市内容更加丰富，进藏多是茶叶、瓷器、丝绸、布匹，出藏多是马匹、羊毛、皮张

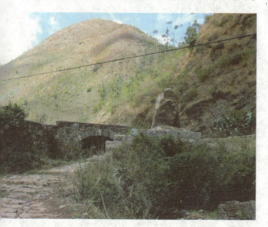
丝绸之路上的一段古道

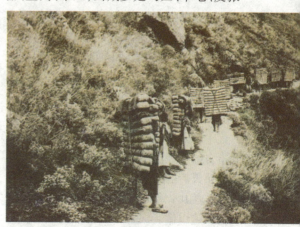
茶马古道

71

和药材。仅清顺治十八年(1661年),滇茶销藏就达3万多担,骡马成交上万匹。从云南、四川至西藏的商人、马帮走出了这条翻越横断山脉、冈底斯山脉、喜马拉雅山脉,涉过金沙江、怒江、澜沧江和雅鲁藏布江的茶马古道。茶马古道的路线大致有两条:一条从云南普洱茶的产地出发,经下关(大理)、丽江、迪庆、德钦,到西藏的芒康、昌都、波密、拉萨,尔后再辐射至藏南的泽当、后藏的江孜、亚东,出境至缅甸、印度;另一条则是由四川的打箭炉(雅安)出发,经泸定、康定、巴塘、昌都至拉萨,再至后藏日喀则,出境到尼泊尔、印度。由桥头上山,必经之地为十二栏杆。这里山势峭拔,危崖耸立,像一道难以逾越的石壁横亘在茶马古道上。十二栏杆可以说是滇藏茶马古道第一道险要,是当年内地接通中甸的咽喉。过去的马帮路仅3米多宽,连折12层而上,下面是万丈深渊,与之对峙的就是玉龙雪山,路两旁悬壁如削,古木参天,令人胆战心惊而又目不给赏。

蜀道

　　蜀道是指从陕西、甘肃等地进入四川的道路,贯穿川陕,古时候为进出川陕的唯一陆上通道,也是古代从中原进入四川的要道。古之蜀道,包括金牛道、阴平道等古道。古金牛道始于春秋时期,秦灭蜀后又加以扩建。全线北起陕西勉县,经宁强入四川,再经广元、剑阁、绵阳,止于成都,全长600千米,四川境内约490千米。金牛道是古代中原入蜀最早的陆上通道。阴平道主要指自绵阳经江油、平武、青川至川甘交界处的摩天岭的一段古道,是陇西入蜀的捷径。此道山水险绝,人迹罕见。三国时魏将邓艾从这里偷袭成都,明初朱元璋也从此

蜀道的起点

偷袭成都,灭掉在重庆称帝的明升。蜀道中的剑门蜀道(以金牛道为主线)沿线地势险要,山峦叠翠,风光峻丽,关隘众多,山水林泉等自然景观丰富。其间,有峭壁如削、诗意盎然的清风峡、明月峡,有山环路绕、曲折盘旋的七盘关,有古柏参天、苍劲雄浑的翠云廊,更有"一夫当关,万夫莫开"、号称险绝天下的剑门关。

唐蕃古道

　　唐蕃古道是我国古代一条非常著名的交通大道,也是唐代以来中原内地去往青海、西藏乃至尼泊尔、印度等国的必经之路。它起自陕西西安,途经甘肃、青海,至西藏拉萨,全长3000余千米。整个古道横贯中国西部,跨越举世闻名的"世界屋脊",联通我国西南的友好邻邦,故亦有"丝绸南路"之称。唐蕃古道的大致走向为:从陕西省西安市出发,过咸阳,沿"丝绸之路"东段

越唐古拉山口，至西藏聂荣、那曲，最后到达拉萨。至今，在古道经过的许多地方，仍然矗立着人们曾经建筑的驿站、城池、村舍和古寺。

唐蕃古道

西行，越陇山，经甘肃天水、陇西、临洮至临夏，在炳灵寺或大河家渡黄河，进入青海民和官亭，经古鄯、乐都、西宁、湟源，登日月山，涉倒淌河，到恰卜恰（公主佛堂），然后经切吉草原、大河坝、温泉、花石峡、黄河沿，绕扎陵湖和鄂陵湖，翻巴颜喀拉山，过玉树清水河，西渡通天河，到结古巴塘，溯子曲河上至杂多，沿"入藏大道"，过当曲，

褒斜道

褒斜道是古代著名的跨越秦岭的通道。它贯穿秦岭山脉，道的南口是"褒谷"，位于陕西省汉中市，北口称"斜谷"，在陕西省眉县，全谷长 249 千米，统一名为"褒斜道"。褒斜道自战国时就凿石架木，陆陆续续地修起了栈道，后来又经过历代增修加凿，褒斜道才畅通无碍。褒斜道的两端有石门，北端名为"大石门"，南端是"小石门"。褒斜道石门位于峡谷栈道南端，汉代开凿，北魏永平二年（509 年）重新修建。门洞通长 16.3 米，宽 4.2 米，南口高 3.45 米，北口高 3.75

褒斜道

米。石门上雕刻有许多汉魏以来历代名人的留诗题名，统称为"摩崖石刻"。石门摩崖石刻中保存有大量的题咏，最为著名的是"汉魏十三品"，其中又以东汉建和二年（148年）所刻的《石门颂》最为珍贵。《石门颂》刻于东汉桓帝建和二年（148年），位于石门洞内西壁，通高261厘米，宽205厘米，为歌颂桓帝时司隶校尉杨孟文修复褒斜道而立。

陈仓道

陈仓道又称嘉陵道和陈仓故道，它从宝鸡沿清姜河经大散关上行至秦岭，又沿着嘉陵江支流下行到凤州，经古代褒城到汉中，全长535千米。汉王北定三秦，用韩信计，出凤县，战宝鸡、乾县，又战兴平，遂东至咸阳，就是取此道北上的。这条道路最长，但比较平坦，且有嘉陵江水运之便，汉末至南北朝时期，汉中、关中、四川之间战争很多，多数沿嘉陵道进行。隋唐定都长安，汉中及四川成为唐王朝的大后方，长期没有战争。西安、汉中、成都之间的交通十分频繁，秦岭嘉陵道沿线驿站不断，仅大散关至宝鸡一段不到100千米的路程就有15处之多。

大散关

陈仓古栈道遗迹

白龙江栈道

白龙江栈道是世界上使用时间最长的古栈道。它位于甘肃省陇南市武都区东20千米，西起笼幢沟，东至固水村，全长达2 000米，是阴平道上三大古栈道之一。这段古栈道相传是三国时期蜀汉大将姜维建造，后不断修整。今天尚存的古栈道遗址，凌空架设于悬崖之上。栈道依山势而变化，结构多样，险峻异常。最险要的一段为"天柱式"结构，有300多米的悬崖因无法立柱或斜撑，仅在崖石中凿洞插入

红军走过的白龙江栈道

横梁,铺设木板而成,人行其上震颤不已,抬头危崖碰额,俯首见滚滚白龙江奔腾于脚下。

五尺道

"五尺道",顾名思义宽约 5 尺,它从蜀南下经四川宜宾、云南昭通到滇池,是云南与巴蜀的重要商道。有用青石镶嵌的石阶,宽窄、高低不等,有趣的是被磨得油光水滑的石阶上不知何时留下 39 个清晰的马蹄印迹。自南向北,沿石阶迂回而上,至最高处便是扼锁这条古驿路咽喉的石门关。关居两山之间,下面是激流汹涌的关河,河的南岸绝壁千仞,像刀削一般雄奇险峻,有一夫当关,万夫莫开之势。过关后地势豁然开阔平坦,宜于步骑驰骋。"五尺道"始建于秦朝,隋、唐续建,是中原和巴蜀入云南之要冲。北起四川宜宾,途径盐津、大关、昭通、鲁甸,南至曲靖。历史上有名的庄蹻入滇、诸葛亮南征都循"五尺道"线路,也是云南沟通中原最早的一条驿递线路,从秦朝至元朝期间,历朝中央政府与云南地方的官书都经这条驿路传递,对加强云南与中原的联系,促进彼此间经济与文化的交流起过重要作用。元朝以后,随着交通的发展,云南又增加了与邻省和邻国的驿递线路,"五尺道"驿路的作用才逐渐隐没。"五尺道"遗留至今,虽仅有 300 余米的一段遗迹,但它是云南早期邮驿史的重要见证。

● 五尺道

黄河古栈道

黄河古栈道位于三门峡大坝下游北岸紧靠黄河的陡壁悬崖上,共有两条,一条离河面较高,一条离河面较低,都是紧挨着石壁的冲击处开凿的。我国唐代以前多建都关中,为保证首都长安及西北戍军的粮草

● 黄河古栈道

供应，每年都要经黄河向关中送去大量的粮食，这就是历史上著名的黄河漕运。但作为黄河漕运必经之路的三门峡，水势险恶，来往船只十之有八要被河水吞没。从西汉开始，每年枯水季节，政府都要征调大批人力、物力对这一段黄河进行疏通，并修凿栈道。在黄河两岸的峭壁悬崖上凿出一条狭窄的石路，路断处凿上一排深深的四方洞，塞上木桩搭成栈道，供船夫们在上面拉纤上溯。古时，在石洞上钉进木桩，人们借以向石壁攀登。"牛鼻"是系上绳索让纤夫攀缘的，遇到风浪，还可就近把船拴住。栈道的开凿时间已无法考究，其上现存最早的石刻是东汉桓帝和平元年（公元150年）的。但这方石刻是刻在重修后的栈道上的，可见栈道的开凿时间还要更早一些。栈道上还有魏、隋、唐、宋、明、清的石刻。

驿站

驿站是古代官府传递公文的通讯机构。从殷商盘庚年间边关戍守传信，到西周时期烽火报警，发展到东周产生了驿站组织。历朝历代驿站的规模和管理虽不尽相同，但均担负传达政令、飞报军情、接待使客的任务。春秋时代，各诸侯长年相互征战，出于政治军事需要，在道路旁设置驿马驿车，传送官府文书，通报军机事务。秦始皇统一全国后，在各地修筑驰道，颁发《秦邮律》，促进了邮驿通信的发展。唐朝驿站分陆驿、水驿和水陆兼办3种。如遇军情要事，驿马每天可跑300里。元朝建立后，元世祖将站赤制度（驿站）推行到国力所及的广阔疆域。以大都为中心，修建了四通八达的驿道。全国共设置驿站1500多处。驿站备有马匹、船只、客房和食物等，供应往来使者。驿道上每隔一定距离设置"急递铺"，专为传送朝廷和地

古代驿站鸡鸣驿

方州郡紧急文书的使者服务。朝廷特制了牌符，颁发给使者。牌符上镌刻着八思巴创制的蒙古文，证明自己的身份。使者佩挂这种牌符，日夜兼程，过往行人都得让路，一天可奔驰400里。可见，元朝的驿站制度已达到相当高的水平。清朝中叶以后，出现了现代邮政，驿站逐步被淘汰，但在边疆地区仍继续沿用，直到新中国人民邮政建立以后，驿站才并入邮局。

罗马阿皮亚古道

罗马拥有庞大的道路系统，从罗马向四面八方延伸出去。史上的第一条罗马大道是阿皮亚古道，由罗马执政官阿皮乌斯·克劳狄乌斯于公元前312年下令修建。这条道路堪称罗马筑路技术的典范，全长29万千米的罗马道路均沿用此项技术。一小

层石头用灰泥抹缝后，构成坚实的地基。灰泥上填满沙砾，然后用石板铺就路面。阿皮亚古道将罗马与南意大利连接起来，是通往希腊和东方的主干道。阿皮亚古道仍有部分保存至今，依然维持原样。在古罗马时期，罪犯会被钉死在道路两侧。当斯巴达克起义被镇压之后，曾一次钉死过 6 000 多人。200 千米长的道路两侧，每隔 70 米就树着一个十字架。

高速公路

高速公路是指能适应年平均日设计交通量为 15 000 辆以上，专供汽车分道高速行驶并全部控制出入的公路。一般能适应 120 千米 / 小时或者更高的速度，要求路线顺畅，纵坡平缓，路面有 4 个以上车道的宽

高速公路夜景

度。中间设置分隔带，采用沥青混凝土或水泥混凝土高级路面。为保证行车安全，设有齐全的标志、标线、信号及照明装置。禁止行人和非机动车在路上行驶，与其他线路采用立体交叉，行人跨线桥或地道通过。四车道高速公路应能适应将各种汽车折合成小客车的年平均日交通量 15 000 辆 ~ 55 000 辆。六车道高速公路应能适应将各种汽车折合成小客车的年平均日交通量 45 000 辆 ~ 80 000 辆。八车道高速公路应能适应将各种汽车折合成小客车的年平均日交通量 60 000 辆 ~ 100 000 辆。

青藏公路

青藏公路是由青海省西宁市经格尔木市至西藏自治区拉萨市的干线公路，全长 1937 千米。青藏公路于 1950 年动工，1954 年通车。西宁市至格尔木市段路线翻越橡皮山（海拔 3 800 米）、旺尕秀山（海拔 3 680 米）、脱土山（海拔 3 500 米）等高山，跨越大水河、香日德河、盖克光河、巴西河、清水河、洪水河等河流，计长 782 千米，其中属于平原和微丘区的里程为 564 千米，属于重丘区的里程为 218 千米。全段海拔为 2 200 ~ 3 800 米。格尔木市至拉萨市段翻越昆仑山（海拔 4 600 米）、风火山（海拔 5 010 米）、唐古拉山（海拔 5 320 米）、头二九山（海拔 5 180 米）等高山，跨越楚玛尔河、红梁河、曲水河、秀水河、北麓河、雅马尔河、通天河等河流，总计长 1 161 千米，全段海拔在 4 000 米以上。青藏公路原建标准较低，并且穿行在青藏高原上，沿线气候条件恶劣，地质条件不良。因此，这条公路通车后病害严重，曾不断进行整治和改建。1974 年青藏公路开始全面改建，并将公路标准提高为二级公路，加铺沥青路面。青藏公路的改建工程极为艰巨，尤其是在海拔高的多年冻土地区铺筑沥青路面，各国均无先例。中国工程技术人员根据土基冰层中含冰量情况，采取填筑足够高度路基以保护冻土的方法，并采取路基排水设施以防止地面水对路基的浸蚀，实现了稳定路基的目的。

青藏公路

铁 路

铁路是有轨陆路运输的设施,通常泛指铁路运输业,包括两个部分。一是铁路技术设施,由路基、道床、轨枕和钢轨组成的线路,机车和车辆,通信和信号设施,装卸车设备,车站及库场,等等。二是铁路运输经营管理系统,主要有行车组织和客、货运输业务等管理工作。从狭义上讲,铁路是指行车基础设施,主要是线路及其辅助系统。最早修建铁路的国家是英国,1825 年建成斯托克顿—达灵顿铁路。完全由中国自己修建的第一条干线铁路是 1909 年建成的京张铁路。铁路的出现是世界交通发展中的重大事件。铁路按用途可分为公用的营业性铁路、供厂矿企业使用的专用铁路和市镇铁路;按行政类型可分为国家铁路、地方铁路、合资铁路、专用铁路和专线铁路;按轨距可分为轨距大于 1 435 毫米的宽轨铁路、轨距为 1 435 毫米的标准轨铁路和轨距小于 1 435 毫米的窄轨铁路;按列车牵引动力可分为蒸汽机、内燃机和电力牵引三种铁路。现代化铁路运输已淘汰蒸汽机牵引动力。世界各国均根据铁路的运量和所处的运输地位等因素,将铁路划分若干等级。中国的铁路分为高铁级和国铁一级、二级、三级,且各级铁路的建设标准也不相同,一级铁路的标准最高。铁路发展的趋势是向着高标准方向发展,货车向大型化、专业化发展,客车则向快速和舒适方向发展,牵引动力向电气化和内燃化发展,运输调度系统向自动化发展。

铁路货运

铁路货物运输是指运用铁路轨道交通运送货物的运输方式。铁路运输具有安全程度高、运输速度快、运输距离长、运输能力大、运输成本低等优点,且具有污染小、潜能大、不受天气条件影响的优势,这是公路、水运、航空、管道运输无可比拟的。铁路货物运输分为整车、零担、集装箱三种。整车适于运输大宗货物;零担适于运输小批量的零星货物;集装箱适于运输精密、贵重、易损的货物。

京广铁路

京广铁路是我国重要的南北中枢干线。北起北京,经石家庄、郑州、武汉、长沙、

一列货运列车在阳安线上行驶

株洲、衡阳,南达广东省的广州。京广铁路全长 2263 千米,沿线通过华北平原、两湖平原、江南丘陵、南岭,直达珠江三角洲,跨越五大流域,沟通 6 个省市。京广铁路在北京与京包、京通、京承、京哈、京原等线相接;在石家庄东接石德线,西接石太线;在新乡分别与新焦、新荷线相交;在郑州与陇海线相会;在武汉接汉丹和武大线;在株洲与浙赣、湘黔线相遇,至衡阳接湘桂铁路;在广州又有广茂、广深线可直达湛江和香港。京广铁路为我国铁路网中南北向的"脊梁骨"。京广铁路在历史上曾由原京汉、粤汉两条铁路连接而成。京汉铁路于 1906 年全线修通,粤汉线至 1936 年全线通车。1957 年 9 月武汉长江大桥竣工后,两线得以贯通并更名为京广铁路。随着运量的增加,于 1950 年起修筑复线,1971 年北京到衡阳的复线修成,衡阳至广州段的复线工程也竣工。货运由北向南主要有煤炭、钢材、机械、木材、石油及经广州出口的物资;由南向北运的有稻米、茶叶、桐油、蔗糖、亚热带水果、有色金属及经广州进口的其他物资。

京广铁路

青藏铁路

青藏铁路是世界上海拔最高、线路最长的高原铁路。其中,格尔木至拉萨段全长1 142千米,经过海拔4 000米以上地段960千米,翻越唐古拉山的铁路最高点海拔5 072米。青藏铁路沿线地质复杂,经过连续多年冻土地段550千米。全线桥隧总长约占线路总长的8%。国家总投资262.1亿元,原定工期6年。设计运送能力为客车8对,单项货流密度500万吨。青藏高原高寒缺氧,生态环境极其脆弱。青藏铁路经过可可西里、三江源、羌塘等自然保护区,全线投入20亿元用于环保工程,主要用于途经地区的草甸、灌木丛地带的植被移植养护,修建30处野生动物的通道,以及进行冻土区植被恢复试验研究。

亚欧大陆桥

亚欧大陆桥中的第一亚欧大陆桥指俄罗斯的西伯利亚大铁路。这条铁路东起太平洋沿岸的符拉迪沃斯托克,西至荷兰鹿特丹港,全长约13 000千米。从1891年起,这条铁路从东西两端同时开工,于1905年建成通车,成为横贯欧亚大陆的交通大动脉。此后,为加快开发西伯利亚和远东地区,苏联政府决定修建第二条西伯利亚铁路(贝阿铁路)。这条新铁路西起西伯利亚大铁路的泰舍特站,经勒拿河畔的乌斯季库特、贝加尔湖北端的下安加尔斯克、赤塔州的恰拉、阿穆尔州的滕达、哈巴罗夫斯克(伯力)边疆区的乌尔加尔、共青城,直到日本海沿岸的苏维埃港,全长4275千米。在苏联铁道兵部队的努力下,1984年底贝阿铁路竣工,1985年正式通车。

青藏铁路

▶西伯利亚铁路地图

新欧亚大陆桥

新欧亚大陆桥，又名"第二亚欧大陆桥"。它东起太平洋西岸连云港等中国东部沿海港口，西达大西洋东岸荷兰的鹿特丹、比利时的安特卫普等港口，横贯亚欧两大洲中部地带。它的东端直接与东亚及东南亚诸国相连。它的中国段西端，从新疆阿拉山口站出境进入中亚，与哈萨克斯坦德鲁日巴站接轨，西行至阿克套，进而分北、中、南三线接上欧洲铁路网通往欧洲。北线由哈萨克斯坦阿克套北上与西伯利亚大铁路接轨，经俄罗斯、白俄罗斯、波兰通往西欧及北欧诸国。中线由哈萨克斯坦往俄罗斯、乌克兰、斯洛伐克、匈牙利、奥地利、瑞士、德国、法国至英吉利海峡港口转海运或由哈萨克斯坦阿克套南下，沿吉尔吉斯斯坦边境经乌兹别克斯坦塔什干及土库曼斯坦阿什哈巴德西行至克拉斯诺沃茨克，过里海达阿塞拜疆的巴库，再经格鲁吉亚第比利斯及波季港，越黑海至保加利亚的瓦尔纳，并经鲁塞进入罗马尼亚、匈牙利通往中

欧诸国。南线由土库曼斯坦阿什哈巴德向南入伊朗，至马什哈德折向西，经德黑兰、大不里士入土耳其，过博斯普鲁斯海峡，经保加利亚通往中欧、西欧及南欧诸国。

▶新欧亚大陆桥东方桥头堡日照港煤炭泊位

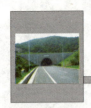

隧 道

隧道是指在岩体或土层中修建的通道和地下建筑物，包括铁路隧道、人行隧道、运河隧道、地下铁道、水底隧道。世界上第一座交通隧道是公元前2180年至前2160年在巴比伦城中的幼发拉底河下修筑的人行通道。各文明古国曾修建过地下墓室，灌溉、给水、排水隧洞，采矿巷道及地下粮仓，等等。中国汉代在今陕西褒城修隧道时，曾用火煅石法（用柴烧炙岩石，然后泼以水或醋，使之粉碎）开通了长约16米、宽约4米、高约3.6米的石门隧洞。19世纪20年代，蒸汽机的出现及铁路和炼钢工业的发展，促进了隧道的发展。1826年至1830年，英国修建了长770米的泰勒山单线铁路隧道和长2 474米的维多利亚双线铁路隧道，1856年开始修建伦敦地下铁道。19世纪60年代以前，修建隧道都是用人工凿孔和黑火药爆破施工。1861年，修建仙尼斯峰铁路隧道时，首次使用了风动凿岩机。1867年，修建胡萨克铁路隧道时用硝化甘油炸药。20世纪初，采用中央导坑法施工，年平均进度达4.5千米。中国第一座铁路隧道是1887年至1889年台北至基隆窄轨铁路上的狮球岭隧道，长261米。因地制宜，开拓地下空间资源和发展其经济效益，是当前各国在隧道及地下工程领域中总的发展趋势。

A

B

八达岭隧道

八达岭隧道

八达岭隧道是中国自行修建的第一座单线铁路隧道。它位于北京市延庆区，京包铁路北京至张家口段（原京张铁路）的青龙桥车站附近。1907 年至 1908 年，由土木工程师詹天佑亲自规划督造。隧道从长城之下穿越燕山山脉八达岭，全长 1091 米。它是中国自力修建的第一座越岭铁路隧道。八达岭铁路隧道 1907 年开工，1908 年竣工，工期仅有 18 个月。北京端隧道外线路坡度约为 32.3‰，隧道内线路最大坡度约为 21.5‰。这座隧道穿过的岩层主要为石质较坚硬的片麻岩。此外，还有风化呈破碎和泥质状态的角闪岩、页岩、砂岩等。施工时，曾遇地下水干扰。为增加工作面，在隧道中部设置一座深约 25 米的竖井。井上建有通风楼，以供通车后排烟和通风用。隧道衬砌的拱圈采用预制混凝土砖砌筑，边墙用混凝土就地灌注，隧道底部用厚约 10 厘米的石灰三合土铺筑。这座隧道曾数次遭受战争破坏，勉强修复通车，还长期存在净空不足、排水不畅等问题。1968 年曾对它进行大修改造，采取的措施主要是降低轨道标高、用混凝土封闭基底、加深和改造双侧排水沟、换铺预应力混凝土宽枕和焊接长钢轨。大修改造后，运营条件有所改善，但由于扩建较难，其净空仍未达到铁路隧道建筑限界标准的要求。

青藏铁路风火山隧道

风火山隧道，位于青藏铁路青海境内青藏高原可可西里"无人区"边缘，全长 1 338 米，轨面海拔 4 905 米。是世界上海拔最高的铁路隧道。隧道所在区域地质复杂，主要为含土冰层、饱冰冻土、富冰冻土，还有裂隙冰、融冻泥岩等病害性地质。这里年均气温零下 7 ℃，寒季最低气温达零下 41 ℃，大气压只有 55 千帕（仅为平原的 50 %），氧分压低于生命极限（<11 千帕），即空气含氧量比人类生存的最低极限还低，被喻为"生命禁区"。隧道冻土层最厚达 150 米、覆盖层最薄处仅有 8 米，工程难度之大前所未有。在青藏铁路工程建设中遇到了高寒缺氧、多年冻土和生态脆弱三大世界性难题。风火山隧道，是世界海拔最高的多年冻土隧道，自然环境十分恶劣。西方媒体曾预言，青藏铁路过不了风火山。中国铁路建设公司在被称作"生命禁区"的环境中修建隧道，创造性地应用和发展了我国独特的冻土隧道施工技术成果，带领职工提前 10 个月贯通了风火山隧道，使世界海拔最高的多年冻土

A

B

青藏铁路风火山隧道

隧道不渗不漏,成为精品工程,创造了人类铁路建设史上的奇迹,被载入"世界吉尼斯"纪录。风火山隧道于 2001 年 10 月 18 日开工建设,2002 年 10 月 19 日主体贯通。

雪山隧道

雪山隧道旧称坪林隧道,是台湾最长的公路隧道,位于蒋渭水高速公路坪林至头城段之间。由 3 座独立的隧道组成,即导坑、西行线及东行线,全长共 12.9 千米。

隧道,还包括中间的导坑。两座主隧道中间,有 28 座横向的人行联络隧道,8 座车行联络道,加上抽排风系统所挖掘的竖井、通风孔道(包括 3 处通风站,3 座通风中继站合计 12 处横向通风隧道,6 座通风竖井,一号竖井顶部排风用横向排气隧道)等,共 58 组隧道,是全世界规模最大的双孔公路隧道群。

仙尼斯峰隧道

仙尼斯峰隧道位于法国里昂至意大利

A
B

雪山隧道

雪山隧道是亚洲第二长的公路隧道,仅次于陕西的西康高速公路上的秦岭终南山公路隧道,同时雪山隧道在世界的公路隧道中排行第 5 名。雪山隧道为完成蒋渭水高速公路建设的关键工程。施工期间遭遇未曾面对过的困难,造成工程严重受阻且进度大幅落后,并使得通车时间比预估的 1998 年足足晚了 8 年。雪山隧道工程艰难之处,主要在于行经极度恶劣的地质,其中包括 6 处断层、98 处剪裂带及 36 处地下涌泉。此隧道施工难度之高,被列入了《大英百科全书》。雪山隧道不仅有两座主

都灵的铁路上。在法国莫丹和意大利巴尔多内基亚车站间穿越阿尔卑斯山的双线隧道,又称弗雷儒斯铁路隧道。它原长 12.9 千米,建于 1857 年至 1871 年,后因地层移动,于 1881 年加长到 13.7 千米。隧道穿过片麻岩、砂岩、石灰岩、片岩等地层,用下导坑法修建,由两端掘进,人工凿孔,火药爆破,手工装碴,畜力运输,通风和降温条件很差。1861 年开始使用风动凿岩机,加快了施工进度。通车后,由于未采取必要的通风措

施，曾发生司机窒息致死的事故。1915年改用电力机车牵引。

圣哥达隧道

圣哥达隧道是世界上最长的汽车专用隧道，穿过苏黎世东南阿尔卑斯山脉圣哥达峰，是瑞士国有公路系统中连接南北干线的重要环节，长 16.32 千米，建于 1970 年 5 月至 1980 年 9 月。隧道通过花岗岩、片麻岩和片岩等地层，也遇到其他不良岩层，最坏地段为风化的砂

两端设有计算机控制站，通过电视录像机和传感器提供数据，以监视和控制车流，并对空气清洁度变化、失火及照明亮度及时察觉和报警。

日本上越新干线大清水隧道

大清水铁路隧道是日本上越新干线上的一个铁路隧道。大清水铁路隧道为双线铁路隧道，采用下导坑先进上部半断面法施工。在施工中曾出现涌水，每分钟涌水量达 90 吨，有岩爆，工程异常艰巨，于 1971

圣哥达隧道

日本上越新干线

砾和滑石。施工时，在隧道一侧 30 米处开挖平行导坑，每隔 250 米设一个横向联络通道与隧道联通，以便于通风、排水和出碴，加快施工速度，以后还可用于修建第二线隧道。隧道衬砌为 10 米宽的马蹄形断面，顶部分隔成进风道和排风道，一旦发生火灾，横向通风可分区段隔断而不影响其他通风区。隧道中每隔 800 米加宽一段断面，为出故障的汽车提供避车道。设两座竖井和两座斜井作通风井。隧道内车速限制在 80 千米/时以内，交通量 1 800 辆/时。隧道

年开工，1981 年完工，长 22.2 千米，海拔 538 米。隧道内线路坡度（自南向北）为 +6‰、+3‰、−12‰，线路限制坡度为 15‰，轨距为 1 435 毫米。隧道内设有 6 座斜井和 1 座横洞。这两座隧道同清水铁路隧道穿过的地层基本相同。大清水铁路隧道是目前世界上最长的山岭铁路隧道。隧道开通后，产生巨大的经济效益，运输线路大大缩短。

青函海底隧道

青函海底隧道是穿越日本津轻海峡连接本州（青森）与北海道（函馆）的海底

铁路隧道。1964年5月动工，1985年3月正洞凿通。青函海底隧道由3条隧道组成。主隧道全长53.9千米，其中海底部分23.3千米，陆上部分本州一侧约为13.6千米，北海道一侧为17千米。主坑道宽11.9米，高9米，断面80平方米。除主隧道外，还有两条辅助坑道：一是调查海底地质用的先导坑道；二是搬运器材和运出砂石的作业坑道。这两条坑道高4米、宽5米，均处在海底。先导坑道用于换气和排水，漏到隧道的海水会被引到先导坑道的水槽，然后再用高压泵排出地面。作业坑道用作列车修理和轨道维修的场所。青函海底隧道是一条十分重要的通道，日本铁路当局在隧道里铺设具有大容量的光纤通信电缆、高压输电线、天然气管道等，以便对隧道加以综合利用，提高经济效益。

英法海底隧道

英法海底隧道，又称英吉利海峡隧道或欧洲隧道，它西起英国的福克斯通，东到法国的加来，全长50.5千米，水下长度37千米，为海底段世界最长的海底隧道。它是一条把英国英伦三岛连接往欧洲法国的铁路隧道。1994年5月6日开通。隧道横跨英吉利海峡，使欧洲大陆往返英国的时间大大缩短。隧道长度约有50千米，单程需35分钟。通过隧道的火车有长途火车、专载公路货车的区间火车、载运其他公路车辆（大客车、一般汽车、摩托车、自行车）的区间火车。英法海底隧道由三条隧道和两个终点站组成。三条隧道由北向南平行排列，南北两隧道相距30米，是单线单向的铁路隧道，隧道直径为7.6米；中间隧道为辅助隧道，用于上述两隧道的维修和救援工作，直径为4.8米。在辅助隧道的1/3和

2/3处，分别为两个运营隧道修建了横向连接隧道。当铁路出现故障时，可把在一侧隧道内运行的列车转入另一侧隧道继续运行，而不中断整个隧道的运营业务。在辅助隧道线上，每隔375米都有通道与两主隧道相连，以便维修人员工作和在紧急情况下疏散人员。隧道启用后，把伦敦至巴黎的陆上旅行时间缩短了一半，3小时即可到达。从伦敦飞到巴黎，航程一般需要3个小时左右，事先还要订票。经隧道乘火车，不仅时间一样，而且省去不少麻烦。据英国铁路当局估算，每年通过隧道的旅客人数可达1 800万人，货运可达800万吨。

英法海底隧道铺设的铁轨

英法海底隧道法国一端

运 河

运河是用以沟通地区或水域间水运的人工水道。除航运外，运河还可用于灌溉、分洪、排涝、给水等。运河可分为以下几种：①海运河。位于近海陆地上，沟通内河与海洋，或海洋与海洋，主要行驶海船的运河，如苏伊士运河和巴拿马运河。②内陆运河。位于内陆地区，供内河船舶通航的运河。③设闸运河。设有船闸以克服水面比降大的运河。④无闸运河。水面比降较小，不设船闸的运河。⑤跨岭运河。跨越分水岭或山丘时，为了减少开挖工程量，常在两侧山坡上建船闸，越过山岭的运河，如俄罗斯的伏尔加河－顿河运河。⑥旁支运河。用于沟通厂矿和附近航道而开挖的支航道。运河上的建筑物一般有：克服集中水位落差的船闸和升船机等通航建筑物；用以解决运河水源不足的供水建筑物；运河担负防洪和排灌任务时的泄水建筑物和输水建筑物；码头；桥梁；与天然河道的交叉建筑物如渡槽和隧道等。

灵渠

灵渠是沟通长江水系和珠江水系的古运河，又名陡河、兴安运河，在今广西壮族自治区兴安县境内。秦统一六国后，向岭南用兵，秦始皇二十八年（前219年），派监郡御史凿灵渠运粮。灵渠沟通了湘江和漓江，由于历代不断增修改进，技术逐步完善，作用日益增大，是2 000余年来岭南（今广东、广西）与中原地区的主要交通线路，直至粤汉铁路和湘桂铁路通车。灵渠渠首处用拦河坝高湘江水位，将其一股（今称南渠）通过穿越分水岭的人工渠道引入漓江上源支流，并对天然河道进行扩挖和整治

后入漓江，将另一股（今称北渠）另开新渠于湘江右岸再入湘江。用拦河大小天平（用条石砌的溢流坝）、铧嘴（导水分水堤）、湘江故道和泄水天平，综合地实现了分水、引水和泄洪等功能。渠道由人工渠、开挖天然溪流的半人工渠道和整治后的天然河流组成，南渠长约33千米，北渠长约3千米。灵渠以弯道减缓坡度；以陡门和堰坝节制用水，增加通航水深；以侧向溢流堰分泄洪水，保障安全。唐代已建有陡门18座，宋代发展到36座，元明清三代多次维修完善，保证了灵渠航运长期不衰，对广西、广东地区的政治、经济、文化有重大影响。1936年和1939年，粤汉铁路和湘桂铁路相继通

车,灵渠的航运逐渐停止。中华人民共和国成立后,对灵渠全面整修,基本保留了传统工程面貌,使其成为灌溉、城市供水和风景游览综合利用的水利工程,已无通航效益。

京杭大运河

京杭大运河,是世界开凿最早、水道最长的人工运河,北起北京,南到浙江杭州。它流经北京、天津、河北、山东、江苏和浙江四省两市,沟通海河、黄河、淮河、长江和钱塘江五大水系。京杭大运河全长约1747千米。京杭大运河完成于隋朝,繁荣于唐宋。

京杭大运河

苏伊士运河

取直于元代,疏通于明清(从公元前486年始凿,至公元1293年全线通航),前后共持续了1779年。京杭大运河是由人工河道和部分河流、湖泊共同组成的,全程可分为7段:通惠河、北运河、南运河、鲁运河、中运河、里运河、江南运河。京杭大运河作为南北的交通大动脉,历史上曾起过巨大作用。运河的通航,促进了沿岸城市的迅速发展。京杭大运河是我国仅次于长江的第二条"黄金水道"。

苏伊士运河

苏伊士运河是在埃及东北部的苏伊士地峡上开凿的。苏伊士运河开凿前,亚洲和非洲在苏伊士地峡处相连,整个地峡是平坦的沙漠地带,分布着一连串的咸水湖和洼地。运河是贯穿湖泊和洼地修建的。运河修成后,亚非以此作为界线。苏伊士运河北起地中海沿岸的塞得港,南到红海之滨的陶菲克港,全长约190千米。苏伊士运河被马克思称为"东方最伟大的航道"。从广州经苏伊士运河到马赛的航程比绕道好望角缩短9190千米,时间可缩短半个月。从波斯湾运石油到西欧去的船只,经过苏伊士运河一年可往返9次,绕道好望角只能往返5次。河道可通过15万吨满载的油轮和37万吨的空船,通过运河的时间为11小时,全日船只通过量可达100艘以上。苏伊士运河是世界上最繁忙的运河。

莫斯科运河

莫斯科运河在1947年前称"莫斯科-伏尔加河运河"。它位于俄罗斯首都莫斯科北面,连接莫斯科河同伏尔加河,起自伏尔加河右岸的杜勃纳,抵莫斯科西北的莫斯科河左岸,长128千米(其中水库占19.4千米),建于1932年至1937年,建有水闸9

座、水库 6 处、水电站多座，使莫斯科同下诺夫哥罗德、圣彼得堡间航程分别缩短 110 千米和 1100 千米。

基尔运河

基尔运河是德国北部沟通北海与波罗的海的运河。它西起北海畔易北河口的布伦斯比特尔科格，东至波罗的海的基尔湾，全长 98.26 千米，河面宽 111 米、平均深度 11.3 米，可通行海轮。1895 年 6 月 22 日该运河建成后，使北海到波罗的海的航线缩短 756 千米。1905 年开始运河的拓宽、加深工程，到第一次世界大战爆发前完成，能通行大型舰船。1936 年德国关闭了基尔运河。第二次世界大战后，基尔运河又重新实现所有国家船只的自由通航。

约塔运河

约塔运河是瑞典南部贯通东西的运河。它利用许多湖泊、河道，并加上人工开凿的河道相连而成。1810 年开凿，1832 年竣工。约塔运河全长约 580 千米（人工开凿部分为 87 千米）。从哥德堡自西而东，经约塔河、维纳恩湖、韦特恩湖、博尔湖和洛克斯湖等，最后注入波罗的海。约塔运河有水闸 58 个。人工开凿部分宽 15 米，深 3 米。它经过许多工业城镇，既沟通经济和运输，又缩短东西航运距离（可缩短 370 千米）。运河沿岸风景如画，旅游业颇为发达。

巴拿马运河

巴拿马运河位于南美洲的巴拿马共和国境内，是连接大西洋和太平洋的咽喉。运河全长 81.3 千米，河面最宽处为 304 米，最窄处也有 152 米，水深 14.3 米，可以通航 5.2 万吨以下且宽度不超过 32 米的船只。巴拿马运河连接的大西洋和太平洋水

● 莫斯科运河

● 基尔运河

● 瑞典哥德堡的码头

位相差较大，运河大部分河段的水面比海面高出 26 米。为了调整水位差，在运河上建造了 6 座水闸。从太平洋一侧进口时，通过米腊弗洛雷斯双闸阶，经米腊弗洛雷斯湖和佩德罗米格尔单闸阶，将船只由海平面提升 26 米，进入加通湖，另一端经过三级加通船闸将船降低，与大西洋海面齐平。船只通过运河时，一般需要 8 小时至 15 小时。巴拿马运河于 1881 年由法国人率先开凿，1889 年法国因财政困难而放弃了该项工程。1903 年，美国取得对运河区的开凿使用权。1904 年，运河在美国的监督下再次开凿，工程历时 10 年，耗资 3.37 亿美元，死去劳工 3 万余人，终于在 1914 年 8 月 15 日完工通航。

科林斯运河

科林斯运河位于科林斯地峡的最窄处，两端分别连接萨洛尼克湾和利斯湾，使来往于爱琴海和爱奥尼亚海的船只缩短了 185 海里的航程。科林斯运河是从 1881 年到 1893 年建造的，共长 6.3 千米。建造者将科林斯地峡的最窄处打通，从此，塞隆尼海湾与科林斯海湾之间有了一条通道。科林斯运河建成前，船要航行 400 千米绕过伯罗奔尼撒半岛。运河内的水深达 8 米，运河水面宽 24 米，底部宽 21 米。

德国基尔运河

基尔运河，又名北海-波罗的海运河，是沟通北海与波罗的海的重要水道。它位于德国北部，西起北海畔易北河口的布伦斯比特尔科格，向东延伸 98 千米，到达荷尔台瑙（波罗的海的基尔湾）。它全长 98.6 千米，河面宽 103 米，深 13.7 米，建有 7 座高桥（约 43 米），可通行海轮。1887 年 6 月 3 日破土动工，1895 年 6 月 22 日建成通航。德国修建这条运河，原为避免军舰绕道丹麦半岛航行，建成后，北海到波罗的海的航程缩短了 756 千米之多。在商业上，现为北海与波罗的海之间最安全、最便捷和最经济的水道。1907 年开始对河床进行拓宽和加深工程，于 1914 年第一次世界大战爆发前几周完成，已能通行大型舰船。每年通过运河的舰船约 65 000 艘，其中 60% 属德国。基尔运河是通过船只最多的国际运河，运输货物以煤、石油、矿石、钢铁为大宗。现在这条运河仍是波罗的海航运的重要路线。基尔运河是世界上第三大运河船闸。同时，基尔运河也是世界上第三大运河。

● 巴拿马运河

● 希腊科林斯运河

韦兰运河

韦兰运河在加拿大安大略湖和伊利湖之间。1829 年开凿,20 世纪初因人口激增和工业发展需要而重加疏浚,于 1932 年完工。韦兰运河全长 44.4 千米,深 8 米,宽 61 米,从克伯尼港至威乐港共有 8 个水闸,可供较大轮船通行。货运以铁矿、小麦、煤、玉米、钢铁、大麦为主。韦兰运河并行的上下水道间的水底部分可以互通,每个区域将水从高处送往低处以调节水位,船只就顺着闸门一个一个往前推进。运河闸门可容纳长 222.5 米、宽 23 米左右的大型船通行。

伏尔加河 – 顿河运河

伏尔加河 – 顿河运河又称列宁运河,是苏联内河深水航道网的重要组成部分。运河位于苏联欧洲部分东南部,是沟通伏尔加河与顿河的人工水道。长 101 千米,其中 45 千米为自然河道和水库。运河初凿于 1941 年,因战争停顿,后建成于 1948 年至 1952 年。东起伏尔加河畔的红军城附近,沿萨列普河河谷、叶尔格尼山麓,穿过伏尔加河与顿河间的分水岭,进入切尔夫廖纳河河谷,再经瓦尔瓦罗夫水库、别列斯拉夫水库(在切尔夫廖纳河上)、卡尔波夫水库(在卡尔波夫河上),西止顿河畔的卡拉奇(在齐姆良水库边缘)南侧。运河设有船闸 13 座,河水靠顿河补给。在顿河斜面靠 4 座船闸先将船舶逐级抬升 44 米,过分水岭,再经 9 座船闸分级下降 88 米,达到伏尔加河河面。运河除少量河水用于农田灌溉外,主要用于客、货运输。运河可通达亚速海、黑海、里海、波罗的海和白海等,五海通航。水道深 3.5 米以上,可通行 5 000 吨级以下的轮船。20 世纪 70 年代初,年货运量达 300 万吨。由顿河运往伏尔加河的货物主要有煤炭、矿物性建筑材料和粮食等;由伏尔加河运往顿河的有木材、黄铁矿石及石油制品等。

伏尔加河

港 口

港口是供船舶进出、靠泊作业及旅客与货物集散的水域和陆域设施。港口由陆域与水域两大部分组成。港口陆域用于构筑码头、设置装卸机械、布置库场和港区道路,以及布置港口有关管理与服务设施等。港口水域包括船舶进出港航道、港池和港口锚地。港口按所在位置可分为河港、海港和河口港。河港建在内陆水域中,包括江、河、湖和水库等岸线处,为内河运输服务;海港建在海岸线上,为海上运输服务;河口港建在江、河入海口的江、河岸线上,为内河和海上运输服务。港口按用途可分为商港、军港、渔港和工业港等。商港是为客货运输服务的港口;军港用于舰艇等军用船舶停靠;渔港用于捕捞作业与生产用的船舶停靠;工业港是厂矿企业的专用港口。港口按货物进口是否需要报关分为报关港与自由港。报关港要求进港的外国货和外国人须向海关办理报关手续;自由港的来港装卸货物和货物在港内贮存与加工无须经过海关,也不交税。

大连港

大连港位于辽东半岛南端的大连湾内,南、北、西三面群山、陆地环绕,湾外有三山岛形成的天然海上屏障,港阔水深,不冻不淤,是我国北方的天然良港。大连港是东北地区铁路运输的主轴哈大铁路的终点,其腹地遍及东北三省和内蒙古东部地区,承担着上述地区海运物资进出和水陆联运的业务。全港由寺儿沟、大港(包括东区和西区)、黑嘴子、香炉礁、甘井子、鲇鱼湾油港7个作业区组成,共有生产用泊位55个,其中万吨级深水泊位28个,并建有

● 大连港风光

通过能力为 2 万标准箱的国际集装箱专用码头，码头海岸线长 9.3 千米。1990 年大连港的吞吐量已达 4 953 万吨，仅次于上海港、秦皇岛港，居全国第三位。其中，外贸吞吐量 3 485 万吨，占全港吞吐量的 70 %，占全国沿海主要港口外贸吞吐量的 21 %，是我国最大的外贸港。主要吞吐货物种类中，石油输出占总量的 60 %，其余比较大的货种，出港以钢铁、粮食、木材等为主，进港以矿石、百货、纺织品为主，出口量是进口量的 2 倍。目前，大连港已与 60 多个国家的港口通航，货物流向 140 多个国家和地区，每年有 2 000 多艘国际商船进出大连港。

天津港

天津港地处天津市，是我国北方重要的国际港口，也是亚欧大陆桥的重要节点之一。现有陆域面积 131 平方千米，主航道水深 21 米，岸线总长 32.7 千米，拥有各类泊位总数 176 个，其中万吨级以上泊位 122 个，公共泊位岸线总长 21.5 千米，25 万吨级船舶可自由进出港，30 万吨级船舶可乘潮进出港，2016 年完成货物吞吐量 5.5 亿吨，位列全球港口货物吞吐量第五。

鸟瞰天津港

青岛港

青岛港是中国主要的对外贸易港口。它地处山东半岛，胶州湾内较隐蔽的东北部位，不受外海风浪袭击，水深、不淤、不冻，是一个自然条件优越的天然良港。腹地包括山东、河北、河南及山西等省的部分地区，有胶济铁路与津浦铁路连接。青岛原是渔村，宋朝时始有商船寄泊，清末渐成为小商镇，最初建一栈桥。1897年德国侵占青岛，1898年开始建港。1904年胶济铁路竣工，青岛港成为水陆联运枢纽。1906年建成4座码头。青岛港在第一次世界大战期间被日本侵占，1922年由中国收回。中华人民共和国建立后，对原有码头进行大修并新建了煤炭专用码头、原油码头和集装箱码头。青岛港有大港港区、中港港区、前湾港港区和黄岛油港港区。大港港区是青岛港的主体，可以靠泊万吨级以上船舶；中港港区停靠地方盐船和部分港作船舶；前湾港为集装箱中转港，有现代化的煤码头、矿石码头；黄岛油港港区在胶州湾西部，是原油输出码头，有输油管道直通胜利油田，可靠泊5万吨级油船。全港的商用码头岸线长5 130米，有泊位24个，其中万吨级以上泊位9个。青岛港航道分为港外航道和港内航道。港外航道为主航道，长约40千米，水深大部分在15米以上；港内航道分大港航道、小港航道和黄岛油区航道。大港航道长约2.7千米，宽160米，水深9.5米左右；小港航道水深5米左右；黄岛油港港区航道可通航5万吨级油船。青岛港进出货物主要有石油、煤炭、粮食、杂货等。青岛港同上海、大连、石岛间有客运班轮航线，同世界上近120个国家和地区有贸易往来。

青岛港风光

上海港

上海港在长江口及黄浦江内,地处长江三角洲东岸的上海市,居我国南北海岸线的中心,依江面海,地理位置十分优越。上海港是一个历史悠久的港口。早在宋朝时期,上海港就已初步形成并逐步成为本地区的主要外贸口岸。到鸦片战争前,上海港航线已沟通南北沿海及长江内河各大港口。今天的上海港在原有港口规模的基础上,重建了十六铺客运码头,新建了共青码头、朱家门煤码头、宝山码头和关港码头,建起了7个集装箱专用码头泊位,新增主要机械1 200台,使占港口吞吐量70 %以上的各类主要货种,如集装箱、煤炭、木材、散杂货等19项的主要装卸工艺达到了国际先进水平。上海港水域面积约为3620平方千米,陆域面积为7.2平方千米,港区岸线长280千米,其中在黄浦江内的岸线长120千米,长江南岸至杭州湾的岸线长160千米。2016年完成货物吞吐量7.02亿吨,仅次于宁波舟山港,位列全球港口货物吞吐量第二,完成集装箱吞吐量3713万标准箱,自2010年以来连续7年保持世界第一。

广州港

广州港地处我国外向型经济活跃的珠江三角洲地区中心。港区分布在广州、东莞、中山、珠海等城市的珠江沿岸或水域,从珠江口进港,依次为虎门港区、新沙港区、黄埔港区和广州内港港区。广州港国际海运通达100多个国家和地区的400多个港口,并与国内100多个港口通航。广州港与沿海及长江的港口海运相通,濒临南海,毗邻香港、澳门,位于珠江水系的东、西、北

上海港的集装箱码头

95

国际机场已开辟国内、国际航线30条左右，来往于全国主要大中城市及曼谷、马尼拉、新加坡、悉尼、墨尔本、吉隆坡等地的航班，可完成客货航空运输。经虎门出海可达沿海各港及世界100多个国家（地区）的600多个港口。至海口、厦门、上海、青岛、大连等港有定期客货班轮，内河可至珠江水系的东江、西江、北江各港。广州港是珠江三角洲水网运输中心和水陆运输枢纽。

● 新沙港码头

香港港

香港港是世界著名的天然良港，远东的航运中心。它位于珠江口外东侧，香港岛和九龙半岛之间。香港港在采用系船浮筒进行船舶过驳倒载作业、集装箱装卸和客运等方面都有较高水平，港口管理先进，港口费率在世界上属于较低的，是中国发展迅速的港口之一。香港港是自由港。它有海上航线20多条，通往世界120多个国家和地区近1000个港口，每年进出港旅客达1000万人次。香港港有15个港区：香港仔、青山（屯门）、长洲、吉澳、流浮山、西贡、沙头角、深井、银矿湾、赤柱（东）、赤柱（西）、大澳、大埔、塔门和维多利亚。其中，维多利亚港区最大，掩护条件良好。港宽1.6千米～9.6千米，水域面积59平方千米，可停泊长305米的大型船舶。香港港有72个远洋船系船浮筒。其中，44个可系泊137米～183米长的船舶，28个可系泊长137米以下的船舶，57个为台风时系船浮筒。此外，还有香港当局和私人的系船浮筒2000多个。这些浮筒可系泊待靠码头船舶，也可进行海上过驳倒载作业。浮筒作业周转期仅2.7天。葵涌集装箱码头位于维多利亚港区西北部，面积85公顷，有6个

● 维多利亚港夜景

三江交汇点。广州港北距汕头276海里，南距香港70海里，西距湛江273海里。铁路、公路、航空、水路运输发达。铁路有京广、广九、广湛线与全国主干铁路相连，形成铁路运输网；公路与汕头、湛江、深圳等省内重要市县均有干线连通，公路网络沟通闽、赣、湘、桂等省。广州白云

泊位,岸线总长 2 378 米,水深 12 米。其中,一个泊位设有可停靠滚装船的装卸设施。1970 年建成集装箱码头以来,集装箱装卸作业量平均每年增加 11 %。集装箱船的装卸时间平均为 13.2 小时。葵涌溪的填筑工程完成后,集装箱堆场面积扩大 57 %。港口设置航标 290 个,许多航标都装有雷达反射器。

釜山港

釜山港位于韩国东南沿海,东南濒朝鲜海峡,西临洛东江,与日本对马岛相峙,是韩国最大的港口,也是世界第六大集装箱港。釜山港始建于 1876 年,在 20 世纪初由于京釜铁路的通车而迅速发展起来,是韩国海陆空交通的枢纽,又是金融和商业中心,在韩国的对外贸易中发挥重要作用。港口距机场约 28 千米。釜山港属温带季风气候,年平均气温夏季为 29℃~31℃,冬季为 7℃~9℃,全年平均降雨量约 1 500 毫米。釜山港属正规半日潮港,潮差不大,大汛时不超过 1.2 米,小汛时仅 0.3 米。装卸设备有各种岸吊、门吊、可移式吊、集装箱吊、浮吊、皮带输送机、装船机及滚装设施等,其中浮吊最大起重能力为 100 吨。拖船的功率最大达 2 354 千瓦。煤每小时装 600 吨,装卸杂货每天 1 000 吨。釜山港有大型龙门式集装箱装卸桥,码头面积达 63 万平方米,集装箱堆场面积达 38 万平方米。这里每年停靠约 2 000 艘集装箱船,包括自 700~800 标准箱型船,大到 3 000 标准箱的集装箱船。码头可同时为 4 艘 5 万载重吨的大型集装箱船进行装卸作业。在全年无休假日的情况下,即全年不中断的 24 小时作业,每天平均要装卸四五艘集装箱船。该港能承接各种船舶修理,最大干船坞可容纳 15 万载重吨的船舶。

神户港

神户港是日本关西地区最重要的港口,每年进出的船舶总数约 9 万艘,居日本第一。1968 年开港以来,神户港就成为日本对外的一个重要门户,世界大港之一。神户港是日本第二大港,港区呈扇

● 釜山港

● 神户港夜景

● 神户港导航塔

形,面积达 10 平方千米,年吞吐量仅次于横滨港。神户港及钢铁、造船、食品、合成革制鞋、海运、仓储等与港口有关的产业是神户经济的重要方面。20 世纪 50 年代,神户开始致力于码头的现代化建设。1995 年的阪神大地震使神户港遭到严重破坏,后用两年时间完成了所有港口设施的重建。定期航线和进港船舶的数量也顺利地迅速恢复到了震灾前的水平。

新加坡港

新加坡港位于新加坡的新加坡岛南部沿海,西临马六甲海峡的东南侧,南临新加坡海峡的北侧,是亚太地区最大的转口港,也是世界最大的集装箱港口之一。新加坡港属热带雨林气候,年平均气温 24℃~34℃,每年 11 月至次年 3 月为多雨期,全年平均降雨量 2 400 毫米。新加坡港属全日潮港,平均潮差为 2.2 米。新加坡港自然条件优越,水域宽敞,很少受风暴影响,港区面积达 538 万平方米,水深适宜,吃水在 13 米左右的船舶可顺利

进港靠泊,港口设备先进完善,并采用计算机化的情报系统。新加坡港的装卸设备有各种岸吊、门吊、集袋箱吊、汽车吊、铲车、叉车、卸货机、吸扬机、牵引车、拖船及滚装设施等。另有海上泊位多个,最大可泊 35 万载重吨的超级油船,丹戎巴葛码头为集装箱专用码头,有 9 个干线泊位和 3 个支线泊位,其中有 6 个泊位可靠 6 艘“第三代”集装箱船舶同时作业,集装箱堆场可存放 3.1 万标准箱,有最新式的用于堆垛集装箱的橡胶轮胎式装卸机。裕廊码头的周围是新加坡最大的裕廊工业区,它对该码头干、液、散货的输出输入起了一定作用,该码头有 9 个深水泊位,最大可停靠 30 万载重吨的船舶,有仓库 8.5 万平方米,堆场 23.4 万平方米,谷仓容量达 4.8 万吨,有链带式干散货卸货机,可直接把货物运往仓库,散货的装卸能力每天达 1.4 万吨。该港炼油厂的贮藏容量达 80 万立方米,精炼能力每天为 120 万桶(约 16 万吨),居世界第三位,仅次于鹿特丹和休斯敦。

俯瞰新加坡港

马六甲海峡

科伦坡港

科伦坡港位于斯里兰卡西南沿海凯拉尼河口南岸,濒临印度洋北侧,是斯里兰卡的最大港口。科伦坡是斯里兰卡的首都和全国政治、经济、交通和文化中心,科伦坡港又是世界航道上印度洋的重要航站,是横渡印度洋过往船只的补给站。它是全国的交通枢纽,有铁路和公路通往世界各地。主要工业有纺织、炼油、化肥、轮胎、机器制造及钢铁等。港口距机场约18千米。有定期班轮驶往世界许多大城市。科伦坡港属热带季风气候,盛行偏西风。科伦坡港年平均气温22℃~32℃,全年平均降雨量约2 300毫米。高潮为0.7米,低潮为0.1米。科伦坡港的装卸设备有各种岸吊、汽车吊、门式集装箱吊、铲车及直径为254毫米~609.6毫米的输油管等,其中集装箱吊最大起重能力为35吨。码头最大可停靠6万载重吨的船舶,铁路线可以直通码头进行装卸作业。码头还有专用的卸粮设备,可将面粉直接装进工厂,每小时卸

200吨。在港外6海里的海上泊位,可泊18万载重吨的油船。

曼谷港

曼谷港位于泰国西南部湄南河下游的两岸,距河口约16海里,濒临曼谷湾的北侧,是泰国最大港口,也是世界二十大集装箱港口之一。曼谷港属热带季风气候,盛行西南风。年平均气温24.3℃,最高曾达41.1℃,最低达1.1℃。曼谷港年平均降雨量约1 400毫米。全年雾日有11天,雷暴雨有96天。曼谷港为日潮港,平均潮差1.4米。港区主要由东、西两个码头组成,西码头停靠普通船,东码头以集装箱为主。港区主要码头泊位岸线长1 900米,最大水深为8.2米。装卸设有各种岸吊、门吊、汽车吊、可移式吊、集装箱吊、叉车、牵引车、跨运车及拖船等,其中可移式吊最大起重能力达50吨。货棚面积有13万平方米,露天堆场面积达31万平方米,集装箱货运站有4个,面积为2.9万平方米。曼谷港由于码头水浅,只能停靠泊1万载重吨的船舶及500标准箱的集装箱

🔴 曼谷的湄南河

船,因此只有开往日本、中国香港、新加坡等的集装箱支线船能靠泊在码头,而开往欧洲的 2 000~3 000 标准箱集装箱船要在港外的锚地靠泊。

汉堡港

汉堡港是德国最大的港口。它位于易北河上,距离北海 60 海里,整个港区 8700 公顷,约占全市面积的 11.5 %,码头总长 41 千米,共有 320 个泊位。汉堡港的自由港由两个港口组成:一个是建于 1881 年的老港区,其面积比较小;另一个是建于 1910 年的瓦尔特歇夫自由港,用以补充老港口的不足。目前,这个在易北河两岸的瓦尔特歇夫自由港,成集装箱的集散地。汉堡自由港拥有 50 万平方米的储存区,每年有 90 多个国家的 16 000 多艘远洋货轮在这里卸货、转船或储存,年吞吐量 6 000 万吨,另有过境货物 1 800 万吨。在汉堡自由港内,实施一系列优惠政策:船只从海上进出自由区,只需挂上"关旗",就可不受海关的任何干涉;进出口或转口货物在自由区装卸、转船或储存,均不受海关限制;在自由区建造、修理和装配船只,不受海关约束,但耗用减免税的矿物油则受到限制;在老区,除造船外,其他货物加工应征得海关同意;在自由区内运输货物,如果有船舱证件可予通行,但若运到德国关税区则需要结关,缴纳关税和其他出口税。

俯瞰汉堡港

最实用的交通百科

鸟瞰荷兰鹿特丹港

鹿特丹港

鹿特丹港是世界主要港口之一。它地处荷兰莱茵河与马斯河的入海口。鹿特丹港是西欧国际贸易主要进出口港，年吞吐量4.5亿吨左右。鹿特丹港的经济腹地包括荷兰、法国、德国、比利时等工业发达的国家，内陆交通十分发达。鹿特丹港始建于16世纪，港口早期的码头多建于新马斯河北岸，后扩展至南岸。港口有3座较大的港区：①马斯平原港区。它是由吹填土形成的陆域，港区面积33平方千米，港池水深23.5米，可停靠25万吨级矿砂船和30万吨级油船。②欧罗港区。总面积36平方千米，港池水深21.65米，可停靠20万吨级油船，主要吞吐原油和石油化工产品，港区附近建有炼油厂和石油化工厂。③鲍特莱克港区。它是最早建成的港区，总面积12.5平方千米，港池水深

12.65米，可停靠6万吨级船舶，装卸货物的种类主要是矿石、石油和散粮等。鹿特丹港还有50万吨级干船坞。在欧罗港池和马斯平原港池的南面开凿了与老马斯河相通的哈特尔运河，在海水与河水交界处建有大型船闸一座。船闸有效长度505米、宽24米，门槛水深6.5米。

阿姆斯特丹港

阿姆斯特丹港位于荷兰西部沿海的北海运河上，距运河出海口艾默伊登约10海里。有艾默伊登港的船闸与北海沟通，是荷兰的最大城市和第二大海港。早在12世纪时，阿姆斯特丹还是一个渔村，1206年建市。14世纪至15世纪开始因开展与东方的贸易，17世纪成为欧洲的重要港口。阿姆斯特丹是一座水城，素有"北欧威尼斯"之称，由100多条河道把城市分割成为100多个小岛，又有600多座桥梁将它连成一体，颇具自己的特色。港口

101

阿姆斯特丹港

距机场约 15 千米。该港属温带海洋性气候，盛行偏西风，温和潮湿，年平均气温最低约 2 ℃，最高约 19 ℃。全年平均降雨量约 600 毫米。干散货码头的高速门吊最大起重能力达 50 吨，并有自动计数系统。另外，还有双套独立皮带联合输送机，使用分开的岸吊，可以同时进行过驳、装车等作业。阿姆斯特丹港具有最佳的水路、公路和铁路运输线，能迅速、灵活地运输大小批量的煤炭，日装卸能力可达 4 万吨。集装箱码头的集装箱吊外伸横距达 36 米，并附有 12 米距离的调节器，可同时吊装 2 只 6 米的集装箱。还有 45 吨的铁道移动式集装箱吊运车，旋转跨距达 40 米，并装有回转幅度和可调节的伸张器，可为 3 条路轨服务。油码头最大可靠 10 万载重吨的油船，有直径为 152.4 毫米 ~ 203.2 毫米的输油管，每小时装卸原油约 2 000 吨。港口直接依靠北海运河和艾默伊登港的船闸系统，过一次船闸均在 24 小时以上。港区与欧洲内陆之间的公路、铁路和水路交通十分方便，而且

附近有斯希普霍尔空港。

安特卫普港

安特卫普港是比利时最大的海港，是欧洲第三大港。它地处斯海尔德河下游，距河口 68 千米 ~ 89 千米。港区总面积 10 633 万平方米，其中水域占 1 315 万平方米，港区岸线总长 99 千米，货物吞吐量近亿吨，是排名鹿特丹港和马赛港之后的欧洲大港。安特卫普港连同其城市于 16 世纪就成为欧洲十分繁荣的商业港口城市，比利时全国海上贸易的 70 % 通过该港完成。安特卫普港以港区工业高度集中而著称。港口腹地广阔，除本国外，有法国北部、马尔萨斯和洛林，卢森堡，德国萨尔州、莱茵 - 美因河流域、鲁尔河流域及荷兰的一部分。现有港区主要分布在斯海尔德河右岸，码头泊位半数以上布置在挖入式港池中，港池间用运河相沟通并设船闸与斯海尔德河隔开，以免受北海潮汐影响。港区有 6 座海船闸，其中北港的参德夫利特船闸长 500 米，宽 57 米，高潮时门槛水

19 世纪的安特卫普港（油画）

深可达 17.5 米，能通过 15 万吨级海船，是世界最大海船闸。德尔维德港池是港口核心部分，水深 16.75 米，有 4 个杂货码头和 1 个散货码头，其中有 14 个集装箱泊位。港区各种交通方式发达，铁路线就有近 4 千米。比利时和荷兰于 1975 年建成通行海船的斯海尔德－莱茵运河，安特卫普港是运河南端起点。

● 卫星拍摄的亚历山大港

亚历山大港

亚历山大港位于埃及北部沿海尼罗河口，在阿拉伯湾东岸入海处，濒临地中海的东南侧，又名埃尔伊斯坎达里亚，是埃及最大的港口。亚历山大港始建于约公元前 332 年，是古代欧洲与东方贸易的中心和文化交流的枢纽。第二次世界大战后发展迅速，现为著名的棉花市场，也是埃及重要的纺织工业基地。此外，造船、化肥、炼油等工业亦很发达。港口的国际机场有定期航班飞往世界各地。该港属亚热带地中海式气候，年平均气温最高在 7 月约 26 ℃，最低在 1 月，约 12 ℃。春、秋常有沙暴，可持续数小时至 5 天。冬季清晨常有雾。全年平均降雨量约 300 毫米。亚历山大港分东港、西港，港外有两道防波堤和狭长的法罗斯岛做屏障。西港为深水良港，全港面积达 6 平方千米以上。港区主要码头有 60 个，岸线长 10 143 米，最大水深为 10.6 米，包括煤炭、粮食、木材及石油等专用码头。装卸设备有各种岸吊、浮吊、抓斗吊、集装箱龙门吊、运输车及拖船等，其中浮吊最大起重能力达 200 吨，拖船最大功率为 880 千瓦。港区仓库的容量有 3 万吨。码头最大可靠 4 万载重吨的船舶。装卸效率：铁矿石每小时 1 000 吨，煤炭每小时 900 吨。大船锚地在外港区，最大水深达 19.8 米。该港自由工业区始建于 1974 年，面积达 600 万平方千米。亚历山大港年货物吞吐能力约 30 00 万吨。埃及每年有 80 %～90 % 的外贸货物都在该港中转。

波士顿港

波士顿港位于英国东南部林肯郡东海岸的威瑟姆河口，在沃什湾西侧，距河口约 5 海里。波士顿港属温带海洋性气候，盛行西南

● 位于亚历山大港的法罗斯灯塔遗址上的城堡

风,1月和2月多大风,冬季多雾,年平均气温在10 ℃~20 ℃左右,年平均降雨量1 000毫米。波士顿港的平均潮差:高潮约8.2米,低潮约4.2米。波士顿港区主要码头泊位岸线长731米,水深约5.5米。河边码头长804米,有几个卸货泊位,供小船使用。普通大潮高潮时,进入船坞的最大船舶长91米,吃水5.4米。船坞内有35吨起重能力的汽车吊。谷物输送机的装卸能力为每小时35吨。船坞内有货棚及仓库,还有容量达1.5万吨的粮仓。1992年,集装箱吞吐量为5.3万标准箱,年货物吞吐能力约200万吨。波士顿港的主要进口货物为木材、化肥、水果、集装箱货物及杂货等,出口货物以谷物及钢铁制品为主。

不来梅港

不来梅港位于德国西北部威悉河的下游,距入海口约68海里,是德国的第二大港,也是欧洲重要的中转海港,港口距机场约6千米。该港8世纪末开始见于记载,当时是一个商业中心。17世纪因河口淤浅,一度衰落。19世纪起,随着河道挖深和工业的发展,不来梅港成为德国西北部的重要工业城市及铁路枢纽,也是德国进口汽

🔺 布宜诺斯艾利斯的马列洛港

车、纺织原料的第二大港,世界是上仅次于日本神户的专门进口棉花的港口。后来,为了适应船舶大型化的需要,在威悉河口的右岸建立了新港即不来梅的外港。不来梅港除建有全国沿海规模最大的钢铁企业外,还有造船、汽车、电机、化工、纺织、石油加工及食品企业等。不来梅港属温带海洋性气候,盛行西南风,东不冷夏不热,气温变化较少,年平均气温约13 ℃,全年平均降雨量约800毫米,平均潮差约3.6米。不来梅港的装卸设备有各种岸吊、龙门吊、浮吊、装煤机、液货桥吊、特种装舱机、吸扬机及滚装设施等,其中浮吊的最大起重能力达200吨。码头上有集装箱堆场约12万平方米,油库容量约14.8万吨,粮库容量15万吨,糖浆库容2.6万吨。承接船舶修理的干船坞最大可容纳24万载重吨的大型船舶。不来梅港主要进口货物有煤、石油、矿石、木材、钢铁、汽车、焦炭、食品、糖浆、燃料油、化学品、钢铁制品及杂货等。

布宜诺斯艾利斯港

布宜诺斯艾利斯港是一个人工港。由于河水浅,特别是上游每年冲泻下大约600万立方米泥沙,拉普拉塔河航行困难。最初,吨位稍大的船只能在离岸十五六千米的地方停泊,然后用小船摆渡旅客和货物。经过几代人的排淤疏浚,特别是开挖了南北两条航道,大船才能抵岸抛锚。布宜诺斯艾利斯港分4个港区,它们沿拉普拉塔河由北向南依次延伸10余千米。"马德罗港区",又称老港区,于1898年建成,至今仍是规模最大的港区。这个港区分南、北两个小区,南部叫"里亚巧罗"区,建有屠宰厂、肉类加工厂。阿根廷的肉类产品几乎全部经过这里出口。北部小区有一家船舶修造厂,占地面积87 000平方米。"新港区"

位于老港区以北，有 6 个码头。该区平均水深 10 米，以装运出口粮食为主。港区到处可以看到高耸的储粮塔、长龙般的传送带和来自世界各地的散装船。我国前些年从阿根廷进口的小麦中，相当一部分是从这里装船的。"南港区"规模较小，是专用油港。这 4 个港区的码头面积约 4 万平方米，共有 50 个仓库，库房容积 100 万立方米。阿根廷全国出口的 52 %、进口的 59 %均经布宜诺斯艾利斯港。据统计，这里每年进出各种船只 25 000 艘，其中远洋轮约 18 000 艘。该港的吞吐量居世界第 15 位。

伦敦港

伦敦港是英国最大的海港。伦敦始建于公元前 43 年，历史上就是一个海运昌盛的地方，19 世纪以来成为世界上重要的国际贸易、金融中心。1909 年，英国伦敦市的一些私营码头和公司联合成立了伦敦港务局，统一管理泰晤士河和航道。先从河床挖出了 5 亿吨泥沙，使这条河成为当时世界上最深的河运水道。以后，伦敦港的发展经历了曲折的历程。20 世纪 60 年代以后，伦敦港的建设得到了迅速发展，形成了皇家、道克、东印度、凯纳来、圣凯瑟琳 5 个港区，1964 年创下了吞吐量 6 000 万吨的纪录。随着新式船舶的使用，整个港口的现代化程度越来越高，一些老港区及一些旧的作

业方式被淘汰。今天的伦敦港区主要在市中心以东 40 千米的提尔伯里和沿河下游。这里的港区水域面积 63 公顷，码头岸线长 8.2 千米，有 4 个主要港池，水深 11 米 ~12 米，可以停泊 3 万吨级的货船。港池内有 4 个集装箱泊位、3 个滚装泊位和其他杂货泊位。其中，集装箱泊位是欧洲最现代化的集装箱码头，可以停靠第三代集装箱船。沿河岸还建有 4 个突堤式散装粮食泊位，前沿水深 13 米，10 万吨级轮船可以停靠。近年来，伦敦港每年吞吐量达 5 000 多万吨，另外还有 40 万个标准集装箱。港区内有 20 000 多名工作人员，管理工作效率很高，计算机控制雷达航运管理、服务、监测系统，对每天通过的几百艘船只进行监测、调度。

纽约港

纽约港也叫新泽西港，是世界上最大的天然深水港之一，位于纽约州东南的哈得孙河河口，濒临大西洋。港区面积有 3 800 平方千米，有水深 9 米 ~14.6 米的深水泊位 400 多个，集装箱码头 37 个。整个

伦敦泰晤士河

港区有 140 多条货、客运输线通往世界各地，外贸进出口年货运量达 6 000 万吨。纽约港港口宽深，天然掩护条件好，潮差小，冬季不冻，自然条件非常优越。纽约港初建于 1524 年，最先是意大利人来到哈得孙河河口，1626 年荷兰人从印第安人手中买下曼哈顿岛辟为贸易站，称之为"新阿姆斯特丹"，这也是当地开发的开始。1664 年，这一地区又为英国人占领，改称纽约。1825 年伊利河通航，大大促进了纽约港区的建设，也促进了纽约市的经济发展。

新奥尔良港

新奥尔良港是仅次于纽约港的美国第二大港。新奥尔良港地处密西西比河的咽喉地带，腹地深广，是美国的重要的河海、海路联运中心。新奥尔良建于 1718 年。19 世纪初，由于棉花和谷物出口量增多，港口迅速发展起来。近年来，港口货物吞吐量中占首位的是石油，其次为谷物、杂货、煤炭等，年吞吐量均在 1 亿吨左右。新奥尔良港的吞吐量居全国各港之首。港口以转口贸易为主，港区内设对外贸易带，占地 7.6 公顷，进口货物可免税在此储存、加工或展览。新奥尔良港是 7 条铁路干线的交会点，通连洛杉矶、芝加哥、纽约等大城市。水陆联运方便，它是三角洲地区高速公路网的枢纽。多座大桥跨越密西西比河两岸。著名的庞恰特雷恩湖堤坝长达 39 千米，沟通市区与湖北岸的联系。有一个国际机场和两个国内机场。新奥尔良港有 3 个港区：密西西比河港区；排洪渠道港区；其他运河、水道和庞恰特雷恩湖、鲍恩尔湖港区。以密西西比河港区为主。全港码头线总长约 50 千米，有泊位 150 多个，所有码头几乎都是顺岸式的。新奥尔良港同欧洲和太平洋沿岸

俯瞰纽约

（包括远东）之间有载驳船往来。载驳船可上溯密西西比河、伊利诺伊河到达芝加哥。港口划出专用水域作为载驳船停泊区。新奥尔良港已制定了名为"中央港区"的30年驻港规划。"中央港区"建在新奥尔良市东郊，位于工业运河、法兰西路码头和巴黎路桥之间的排洪渠道畔，占地约5 000公顷。

惠灵顿港

惠灵顿港是新西兰的第二大港。惠灵顿是新西兰的首都，全国政治、文化、金融、航运及工业中心，居南、北两岛联系的要冲。战略地位重要。惠灵顿港是现代化程度较高的港市，这里街区宽阔，市面繁华。牛、羊肉市场繁荣，乳制品种类较多，显示出新西兰畜牧业国家的固有特点。该港著名的传统加工工业有冻肉、炼乳、毛毯、食品、皮革等，还有新兴的汽车装配、橡胶制品和电子工业等。惠灵顿港属温带海洋性气候，年平均气温在10~20℃，最高1月曾达31℃，最低7月曾达零下2℃，全年平均降雨量约1 500毫米，平均潮差中大潮为1.04米，小潮为0.92米。惠灵顿港的装卸设备有各种岸吊、抓斗吊、可移式吊、集装箱吊、浮吊、水力吊、铲车、拖车及滚装设施等。其中，浮吊最大起重能力达80吨，有直径为100毫米~350毫米的输油管供装卸石油使用。集装箱堆场面积24.3万平方米。该港港湾优良，是一个天然良港，3万载重吨的船舶可自由出入。1992年，集装箱吞吐量达7.1万标准箱，年货物吞吐能力约800万吨。惠灵顿港主要出口货物为羊毛、肉类及乳制品等，进口货物主要有煤、石油制品、汽车及轻工业产品等。

惠灵顿港

桥 梁

桥梁是供铁路、道路、渠道、管线、行人等跨越河流、山谷或其他交通线路而修建的建筑物。桥梁一般由上部结构和下部结构组成。桥梁上部结构（又称桥跨结构）承担线路荷载，跨越障碍，由桥面系、主要承重结构和支座组成。桥面系一般由桥面、纵梁和横梁组成。主要承重结构承担上部结构所受的全部荷载并传给支座，如桁架梁桥的主桁、实腹梁桥的主梁、拱桥的拱肋（拱圈）。支座设于桥台（墩）顶部，支撑上部结构并将荷载传给下部结构。桥梁下部结构是桥台、桥墩及桥梁基础的总称，用以支撑上部结构并将荷载传给地基。桥梁按用途分类可分为公路桥、铁路桥、渡槽桥和管道桥等；按使用材料分类，可分为木桥，石、砖等为主要材料的圬工桥，使用钢筋混凝土、预应力混凝土、钢骨钢筋混凝土材料的混凝土桥，以钢为主要材料的钢桥，以高强度铝合金为主要材料的轻合金桥梁；按支撑条件分类，可分为外力静定的简支架桥、悬臂梁桥、悬索桥、斜拉桥和浮箱支撑的浮桥；按桥梁活动与否分类，又可分为固定桥和活动桥（升降桥、旋转桥）。

赵州桥

　　赵州桥又名安济桥。它坐落在河北省石家庄市东南45千米赵县城南洨河之上，因桥体全部用石料建成，当地俗称大石桥。建于隋代开皇十四年至大业二年间（595年至605年），由匠师李春监造。赵州桥结构新奇，造型美观，古人说它"制造奇特，人不知其所以为"。桥全长64.4米，宽约10米，跨度37.2米，是一座由28道相对独立的拱券组成的单孔弧形大桥。赵州桥最大的科学贡献就是它"敞肩拱"的创举。在大

● 赵州桥

拱两肩,砌了 4 个并列小孔,既增大流水通道,减轻桥身重量,节省石料,又增强了桥身稳定性。这就有力地保证了赵州桥在 1400 年的历史中,经受住了多次洪水冲击、地震摇撼,以及车辆重压,仍挺立在洨河之上。赵州桥自建成至今共修缮 8 次。

卢沟桥

卢沟桥在北京市丰台区永定河上。始建于金代,距今已有近 800 余年历史,是北京现存最古老的石造联拱桥。卢沟桥是根据永定河水流的特点设计的。桥身全部都用白石,加上两端引桥,总长 266.5 米。它有 11 个桥拱,面宽约 7.5 米,有栏板 279 块,南侧石栏雕柱 140 根,北侧 141 根,柱高 1.4 米,柱头均雕蹲伏的石狮。全桥的结构、桥墩和拱券的各部分,均使用腰铁固定,用以加强石与石之间的拉联。桥墩呈船形,迎水面砌作分水尖,并且还在每个尖端安置了一根三角铁柱,以抗御春冰和洪水。卢沟桥的两侧有 281 根望柱,柱头刻着莲

● 卢沟桥

花座，座下为荷叶墩。望柱中间嵌有279块栏板，栏板内侧与桥面外侧均雕有宝瓶、云纹等图案。每根望柱上有金、元、明、清历代雕刻的数目不同的石狮，这些石狮蹲伏起卧，千姿百态，生动逼真，极富变化，是卢沟桥石刻艺术的精品。

洛阳桥

洛阳桥原名万安桥，位于福建省泉州市东郊的洛阳江上，是我国现存最早的跨海梁式大石桥。宋代泉州太守蔡襄主持建桥工程，从北宋皇祐五年（公元1053年）至嘉祐四年（公元1059年），前后历六年之久，耗银1 400万两，建成了这座跨江接海的大石桥。桥全系花岗岩石砌筑，初建时桥长约1 200米，宽约5米，武士造像分立两旁。造桥工程规模巨大，工艺技术高超，名震四海。建桥900余年以来，先后修复17次。现桥长834米、宽7米，有44座船形桥墩、500个扶栏、28只石狮、7座石亭、9座石塔。桥墩砌体相当庞大，两端砌成尖形，以分水势。洛阳江河道宽阔，濒临海湾，水深流急，时有风潮，要修筑桥梁的基础，在当时是十分困难的。宋代建桥师们创造了种蛎固基的巧妙方法，建造了洛阳桥的基础。这种方法是在桥址江中先遍抛石块，横过河道，然后以蛎房散置其上，两三年后蛎房繁殖，遍胶石基，成一整体。在这石基上用巨型条石砌成梭子形，即成桥墩，潮汐来去，不能冲动，再在其上浮运安置石梁。蛎房是在浅海滩生殖的牡蛎，它长有贝壳，成片成丛密集繁生，可把散乱的石块胶结起来。种蛎固基过程一般需2～3年。洛阳桥用这种方法建造了桥梁的筏形基础，并用这种方法加固了桥墩。为了保护桥基和桥墩，在桥位标志范围内禁止采牡蛎。这在当地成为

洛阳桥

一条法律，并为历代所沿用。洛阳桥于1932年在桥墩上添建一矮墩，在其上置钢筋混凝土桥面板以通行汽车，原石梁仍在原处未动。

安平桥

安平桥是我国现存最长的古代石桥。安平桥位于中国福建省晋江市安海镇和南安市水头镇之间的海湾上。安海镇古称安平道，安平桥由此得名。又因桥长约5华里12.5千米，俗称五里桥。安平桥属于中国古代连梁式石板平桥，始建于南宋绍兴八年（1138年），历时14年建成。明清两代曾多次重修该桥。该桥是中古时代世界最长的梁式石桥，也是我国现存最长的海港大石桥。安平桥全长2 255米，桥面宽3米～3.8米，共362墩。桥墩用花岗岩条石横直交错叠砌而成，有3种不同形式，即长方形、单边船形、双边船形。单边船形一端成尖状，另一端为方形，设于较缓的港道；双边船形墩，两端成尖状，便于排水，设在水流较急、较宽的主要港道。桥面用5条～8条大石板铺架，石板长5米～11米，宽0.6米～1米，厚0.5米～1米，重4吨～5吨，最大者重25吨。桥上筑憩亭5座。桥两侧的水中筑有4座对称的方形石塔，还有1座圆塔。桥的入口处筑有1座白塔，高22米，砖砌，五层，平面呈六角形，空心，建筑风格十分古朴。

● 广济桥

广济桥

广济桥俗称湘子桥，在潮州市之东。广济桥是中国古代著名桥梁之一，始建于南宋乾道六年(1170年)，历时56年建成，全长518米，分东、西两段18墩，中间一段宽约百米，因水流湍急，未能架桥，只用小船摆渡，当时称济州桥。明宣德十年(1435年)重修，并增建5墩，称广济桥；正德间，又增建1墩，总共24墩。桥墩用花岗石块砌成，是中国桥梁建筑中的一份宝贵遗产。中段用18艘梭船联成浮桥，能开能合，当大船、木排通过时，可以将浮桥中的浮船

● 安平桥

解开，让船只、木排通过，然后再将浮船归回原处。这是中国也是世界上最早的一座开关活动式大石桥。此桥在明代曾大修过5次，并在桥墩上建起24座形式不同的"望楼"（已毁）。清雍正二年（1724年）又在浮桥两端石桥墩上置铁牛两只，牛背镌有"镇桥御水"四字，但早已不存在。1958年由于交通需要，将梭船拆除，改为直通大桥。1980年重铸铁牛一只，将其置于桥上。民谚云："到广不到潮，白白走一遭；到潮不到桥，枉费走一场。"

安澜索桥

安澜索桥是建于岷江之上的索桥。它位于都江堰市区西北，横跨鱼嘴分水和内、外两江。古名珠浦桥，宋称平事桥，始建日期无考。明末桥毁，清嘉庆八年（1803年）重建。相传这座桥是伏龙观对岸韩家

安澜索桥

坝的私塾教师何先德夫妇集资修建，故民间称此桥为"夫妻桥"。安澜索桥以木排为板，石墩为柱，承托桥身，又以慈竹扭成的缆绳横架江面。1933年因修外江闸，将此桥下移100米，并将竹缆改为钢绳，将石墩改成混凝土桩墩。另在桥南端和桥中部增建桥亭，北端建桥头堡。安澜索桥原长320米，现长280米。

程阳永济桥

程阳永济桥位于中国广西壮族自治区三江侗族自治县北20千米程阳村林溪河

程阳永济桥

上，是典型的近代梁式木桥。程阳永济桥始建于1912年，竣工于1924年，与我国赵州桥、泸定桥及罗马尼亚诺娃沃钢梁桥并称世界四大历史名桥。永济桥为典型的风雨桥。桥层长76米，宽3.7米。在河床立二台三墩，桥墩双尖舟形，面层用规整石料干摆，心填泥石，结合紧密。在桥墩之间采用圆木纵横格架组成桥身，桥面满铺木板。桥上建二楼三亭。楼亭之间各以屋廊相连，形成可遮阳避雨的廊桥。两端的楼为三檐歇山顶，高6.5米。桥中央的亭为三檐八角攒尖顶，高7.8米。另两亭为四角攒尖顶，高7

米,亭中设神龛。廊内设长凳,供人避雨憩息,整座桥梁只用榫卯接合,制作严谨,外观秀丽,是侗族建筑艺术和建筑技艺的杰作。

南京长江大桥

　　南京长江大桥建成于 1968 年,位于南京市西北面长江上,连通市区与浦口区,是长江上第一座由我国自行设计建造的双层式铁路、公路两用桥。上层的公路桥长 4 589 米,车行道宽 15 米,可容 4 辆大型汽车并行,两侧还各有 2 米多宽的人行道;下层的铁路桥长 6 772 米,宽 14 米,铺有双轨,两列火车可同时对开。其中,江面上的正桥长 1 576 米,其余为引桥。在正桥的路栏上,公路引桥采用富有中国特色的双孔双曲拱桥形式。公路正桥两边的栏杆

南京长江大桥

上嵌着 200 幅铸铁浮雕,人行道旁还有 150 对白玉兰花形的路灯,洁白雅致。南、北两端各有两座高 70 米的桥头堡,堡内有电梯可通铁路桥、公路桥及桥头堡上的瞭望台。南京长江大桥共有 9 个桥墩,最高的桥墩从基础到顶部高 85 米,底面积约 400 平方米,比一个篮球场还大。正桥的桥孔跨

度达 160 米,桥下可行万吨巨轮。整座大桥如彩虹凌空江上,十分壮观。

杨浦大桥

　　杨浦大桥是我国著名桥梁建筑。横跨于上海黄浦江下游的江面,连接上海杨浦区与浦东地区,距南浦大桥 11 千米的黄浦江下游段,与南浦大桥堪称"姐妹桥",是上海道路内环线工程的两大过江枢纽之一。杨浦大桥全长 8 353 米,主桥为双塔双索面钢筋混凝土和钢叠合梁斜拉桥结构,跨径 602 米,全桥有斜拉索 256 根,最大的一根长 330 米。主桥全长 1 178 米,桥面宽 30.35 米,主塔高 208 米,塔形呈倒"Y"钻石形。桥塔两侧各有 32 对,共 256 根钢拉索将桥面凌空悬起,最粗索由直径 7 毫米的 301 根高强钢丝编成,重约 33 吨,最长的斜拉索为 325 米。全桥斜拉索总长度约 2 万多米,总重量约 2 900 吨。全桥钢结构总重量约 12 600 吨,梁与梁之间由 30 多万套高强螺栓连接。桥的建筑精度和质量极为高超,其主桥钢结构由高强螺栓连接,螺栓孔达 100 万零 8 000 只,无一误差。大桥主塔设计要求垂直精度为三千分之一,而

杨浦大桥夜景

实际精度为一万五千分之一，即高达 208 米的主塔垂直偏差仅 1.39 厘米。大桥每天可承载 5 万辆车过江，对上海浦东的开发和推动上海城市建设具有重要意义。主桥及引桥照明采用柱式灯具双排布置，主塔上设置航空障碍灯，钢梁上置航道灯，既保证夜间上下桥车辆、船只行驶的安全，又美化大桥。杨浦大桥犹如一道横跨浦江的彩虹，高达 208 米的塔柱似利剑刺破青天，无数根排列整齐的斜拉钢索仿佛一架硕大无比的竖琴。全桥设计精巧、造型优美、气势恢宏，是上海旅游的著名景观。

虎门大桥

虎门大桥飞架珠江口，连接珠江东西两岸，是我国第一座大型悬索桥，曾被誉为"世界第一跨"，1997 年 6 月建成通车。虎门大桥主航道跨径 888 米，居我国前列。总投资约 30 亿元的虎门大桥，悬索桥部分均采用钢箱焊接，使用钢材 2 万多吨。虎门大桥全长 15.76 千米，主桥长 4.58 千米，桥面双向六车道，设计昼夜通车量为 12 万车次。该桥每根主缆由 13 970 根直径为 5.2

毫米的镀锌高强钢丝组成，主缆长 16.4 千米。大桥辅航道桥是 270 米连续钢结构桥，主跨净空高 60 米，桥下可通航 10 万吨巨轮。虎门大桥的通车，使从香港、深圳至珠海、中山等地的陆路交通缩短了 100 千米。这座桥有几项第一：①它是迄今全国规模最大的公路桥梁，设计昼夜通车量为 12 万车次，桥下可通行 10 万吨级的巨轮；②它是中国的第一座加劲钢箱梁悬索结构桥梁；③本座桥的主跨度是 888 米，是全国第一长；④它的副跨度 237 米，居世界第一。

青马大桥

青马大桥是公路、铁路两用桥，主跨 1 377 米，但 300 米边跨侧主缆不设吊杆，实际上只有两跨加劲桁。桥塔高 206 米，在青衣岛侧采用隧道式锚碇，在马湾岛侧采用重力式锚碇，加劲桁梁高 754 米，高跨比为 1/185，纵向桁架之间为空腹式桁架横梁，中部空间可容纳行车道及路轨，大桥上层桥面中部和下层桥面路轨两侧均设有通气空格，形成流线型的带有通气空格的闭合箱型加劲梁。

虎门大桥

● 青马大桥夜景

金门大桥

　　金门大桥雄峙于美国加利福尼亚州的金门海峡之上。金门海峡为旧金山海湾入口处，两岸陡峻，航道水深，为1579年英国探险家弗朗西斯·德雷克发现，并由他命名。金门大桥的北端连接北加利福尼亚，南端连接旧金山半岛。钢塔耸立在大桥南北两侧，高342.6米，其中高出水面部分为227米，相当于一座70层高的建筑物。塔的顶端用两根直径为90.42厘米、重2.45万吨的钢缆相连，钢缆中点下垂，几乎接近桥身，钢缆和桥身之间用一根根细钢绳连接起来。钢缆两端伸延到岸上锚定于岩石中。大桥桥体凭借桥两侧两根钢缆所产生的巨大拉力高悬在半空之中。钢塔之间的大桥跨度达1280米，金门大桥为世界所建大桥中罕见的单孔长跨距大吊桥之一。金门大桥从海面到桥中心部的高度约60米，又宽又高，所以即使涨潮时，大型船只也能畅通无阻。金门大桥包括从钢塔两端延伸出去的部分，全长达2000米，大桥的

● 金门大桥

桥面宽 27.4 米，有 6 条车行道和两条宽敞的人行道。大桥的设计者是工程师约瑟夫·施特劳斯，人们为纪念他对美国做出的贡献，把他的全身铜像安放在桥畔。金门大桥于 1933 年动工，1937 年 5 月竣工，用了 4 年时间和 10 万多吨钢材，耗资达 3 550 万美元。整个大桥造型宏伟壮观、朴素无华。金门大桥桥身呈朱红色，横卧于碧海白浪之上，华灯初放，如巨龙凌空，使旧金山市的夜空景色更见壮丽。

下津井濑户大桥

日本下津井濑户大桥横跨日本濑户内海，连接本州的冈山县和四国的香川县。主跨 940 米，钢桁梁，矢高 94 米，加劲梁高 13 米，宽 30 米，钢索间距 35 米，左塔高 146.08 米，右塔高 148.91 米，上层为 4 车道公路，下层为又线铁道。

● 下津井濑户大桥

明石海峡大桥

日本明石海峡大桥是目前世界上主跨最长的悬索桥，1998 年 4 月 5 日通车。它跨越日本本州—四国岛之间的明石海峡，最终实现了日本人一直想修建一系列桥梁把 4 个大岛（本州、九州、北海道和四国岛）连在一起的愿望，创造了 20 世纪世界建桥史的新纪录。大桥全长 3 910 米，主跨

● 明石海峡大桥

长 1 991 米（跨径中 1 米的余数是阪神大地震造成的），桥面宽 35 米，设 6 车道，桥塔高 280 米，基础沉箱的直径约 80 米，高约 70 米。采用这样的跨径是为了适应通航要求、桥位处地形地质条件，以及两岸的用地状况等。两根大缆各由 290 根高强钢索构成，直径为 1.222 米。该桥总投资约 43 亿美元。大桥按可以承受里氏 8.5 级强烈地震和抗 150 年一遇的 80 米/秒的暴风设计。明石海峡大桥主缆采用预制平行丝股法架设而成，其抗拉极限强度高达 1 800 兆帕。

伦敦塔桥

伦敦塔桥是一座吊桥，最初为一木桥，后改为石桥，现在是座拥有 6 条车道的水泥结构桥。河中的两座桥基高 7.6 米，桥基上建有两座主塔，为花岗岩和钢铁结构的方形五层塔，高 40 多米，两座主塔上建有白色大理石屋顶和 5 个小尖塔，远看仿佛两顶王冠。两塔之间的跨度为 60 多米，塔基和两岸用钢缆吊桥相连。桥身分为上、下两层，上层为宽阔的悬空人行道，两侧装有玻璃窗，行人从桥上通过，可以饱览泰晤士

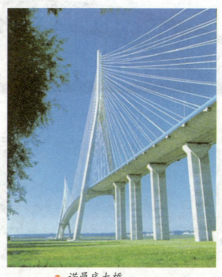

魁北克桥

河两岸的美丽风光；下层可供车辆通行。当泰晤士河上有万吨船只通过时，主塔内机器启动，桥身慢慢分开，向上折起，船只过后，桥身慢慢落下，恢复车辆通行。两块活动桥面，各自重达 1 000 吨。从远处观望塔桥，双塔高耸，极为壮丽。假若遇上薄雾锁桥，景观更为一绝。雾锁塔桥是伦敦胜景之一。

铁路桥，1929 年在双线铁路线间铺设了双车道公路。1951 年拆除一条铁路线，改铺公路桥面。桥的主跨 548.6 米，其中悬挂孔长195.1 米。魁北克大桥两端锚固孔各为 152.4米，全长为 987 米。

诺曼底大桥

诺曼底大桥位于法国北部塞纳河上，它是世界上最著名的斜拉桥之一，大桥修

伦敦塔桥

魁北克大桥

魁北克大桥是大跨度悬臂桁架梁桥。位于加拿大魁北克，跨越圣劳伦斯河。魁北克大桥建于 1904 年至 1918 年，原为双线

诺曼底大桥

长而雅致的建筑使它成为世界上最美的桥梁之一。诺曼底大桥是 1995 年 1 月才开始启用的新桥，连接着翁弗勒尔和勒阿弗尔两座城镇。它是钢索承重桥，很像金门大桥之类的悬索桥，但支撑桥身的钢索直接从桥塔连到桥身。这座桥由 33 个部分组成。中间一部分是最后嵌进桥中，由下往上提升而成的。桥的重量由 2 000 千米长的钢绳支撑。两座混凝土桥塔高 215 米，耸立在相当于 20 层高楼的基座上。诺曼底桥的中央跨度为 856 米，但这不包括靠近桥两端的引桥。诺曼底大桥的总长是 2200 米。

悉尼海港大桥

在澳大利亚悉尼的杰克逊海港，有一座曾号称世界第一单孔拱桥的宏伟大桥，这就是著名的悉尼海港大桥。悉尼海港大桥是悉尼早期的代表建筑，它横贯海湾，与举世闻名的悉尼歌剧院隔海相望，成为悉尼的象征。这座大桥整个工程的全部用钢量为 5.28 万吨，铆钉数是 600 万个，最大铆钉重量 3.5 千克，用水泥 9.5 万立方米，桥塔、桥墩用花岗石 1.7 万立方米，建桥用油漆 27.2 万升，这些数字足可见工程的雄伟浩大。在 20 世纪 30 年代的条件下，能在大海上凌空架桥，实为罕见。整个悉尼大桥桥身长度（包括引桥）为 1 149 米，从海面到桥面高 58.5 米，从海面到桥顶高达 134 米，万吨巨轮可以从桥下通过。桥面宽 49 米，可通行各种汽车，中间铺设有双轨铁路，两侧人行道各宽 3 米。原来还铺设了两条有轨电车车轨，后因交通拥挤车轨被拆

悉尼海港大桥

立交桥夜景

除,划出 8 条汽车道。悉尼大桥的最大特点是拱架,其拱架跨度为 503 米,而且是单孔拱形,这是世界上少见的。大桥的钢架头搭在两个巨大的钢筋水泥桥墩上,桥墩高 12 米。两个桥墩上还各建有一座塔,塔高 95 米,全部用花岗岩建造。目前,悉尼大桥的交通完全由电脑控制。桥上还有巡逻车巡逻,随时处理各种情况,使大桥始终保持畅通无阻。

立交桥

立交桥

立交桥是为保证交通互不干扰而在道路、铁路交叉处建造的桥梁。立交桥广泛应用于高速公路和城市道路中的交通繁忙地段。按跨越形式分为:①跨线桥,是在原有线路之上跨越的桥。跨线桥又分为分离式和互通式。前者只保证上、下层线路的车辆各自独立通行;后者能使上、下层线路的车辆相互通行,在平面和立面上修建复杂的迂回匝道,占用很多土地。为减少噪声,多采用预应力混凝土桥。②地道桥,是从地下穿越原有线路的桥。由桥洞、引道和附属结构组成,修建时须拆迁地下管线,附属工程量大,远不如修建跨线桥经济,且设计时应注意净空、通风、照明、排水和防冰(严寒地带)等。

119

航空港

航空港即习惯上统称的机场。航空港是指位于航线上的、保证航空运输和专业飞行作业用的飞机机场及其有关建筑物、构筑物和其他设施的总称。航空港包括飞行区、客货运输服务区和机务维修区三部分。其主要任务是完成客货运输业务,保养与维修飞机,保证旅客、货物、邮件正常运送,以及飞机安全起降。航空港的种类很多,按下垫面性质分为陆上航空港和水上航空港;按设备情况分为基本航空港和中途航空港;按飞行距离分为国际航空港、国内航空港和短距离机场;按使用性质分为军用机场、民用机场、体育机场和农用机场等。航空港的布局应满足以下条件:①与市区既要保持一定距离,使飞机的起降不至于影响城市生活,又要有便利的交通干线与市区相联系;②用地充足、平坦、开阔;③适于不同类型飞机的起降要求;④充分考虑自然条件,尤其要满足飞行对气候、地基条件和净空的要求。

北京首都国际机场

北京首都国际机场位于北京的东北方向,距市中心天安门广场25.35千米,是我国地理位置最重要、规模最大、设备最齐全、运输生产最繁忙的大型国际航空港。北京首都国际机场不但是中国首都北京的空中门户和对外交往的窗口,而且是中国民用航空网络的辐射中心。机场有东、西两条双向跑道,长宽分别为 3800×60 米、3200×50 米。一号航站楼为中国南方航空公司和厦门航空专用,二号、三号航站楼用于其他航空公司的国内及国际航班。中国

北京首都国际机场扩建工程三号航站楼模型

民用航空局首都机场于 1958 年 3 月 2 日正式投入使用。随着民航事业的发展及客货运量的不断增长，北京首都机场进行了大规模的扩建施工。1980 年 1 月 1 日，面积为 6 万平方米的一号航站楼及停机坪、楼前停车场等配套工程建成并正式投入使用。一号航站楼按照每日起降飞机 60 架次、高峰小时旅客吞吐量 1 500 人次进行设计。扩建完成后，首都机场飞行区域设施达到国际民航组织规定的 4F 标准。

香港国际机场

香港国际机场位于大屿山以北的赤鱲角，于 1998 年 7 月 6 日正式启用。香港国际机场每年大约可处理旅客多达 7 000 万人次及货物 500 万吨。现有约 100 家国际航空公司每周提供约数千架次定期客运及全货运航班，来往香港及约 220 个遍布全球的目的地。香港国际机场有南、北两条跑道，均长 3 800 米，宽 60 米，可以容纳新一代的大型飞机升降。至于精确进场类别，南跑道属第 Ⅱ 类，北跑道则属等级较高的第 ⅢA 类，可供飞行员在能见度只有 200 米的情况下着陆。两条跑道的容量为每小时超过 60 架次起降。机场大楼客运廊设有 48 个停机位，设于停机坪上的停机位有 27 个，货运停机坪的停机位则有 21 个。西北客运廊的 5 个停机位现已可供新一代的大型飞机停泊。香港国际机场的客运大楼面积达 57 万平方米，是客运大楼面积的世界纪录保持者。大楼内有 3 000 米长的行人自走道，55 000 平方米的玻璃屏幕及 11.7 万平方米的地毯。

● 香港国际机场内一角

仁川国际机场一角

世界最大客机 A380 首降希思罗机场

仁川国际机场

仁川国际机场是韩国最大的民用机场,亦是亚洲最大的机场之一,在2001年启用。仁川国际机场是大韩航空及韩亚航空等的主要枢纽,代替了金浦国际机场的国际航线地位。仁川国际机场是国际客运及货运的航空枢纽,是亚洲最繁忙的国际机场之一。仁川国际机场位于首尔以西,建于仁川市的永宗岛,邻近黄海。机场与首尔以130号高速公路连接,有班次频密的巴士及渡轮连接机场与韩国各地。连接仁川国际机场及金浦国际机场的高速公路亦已启用,为国际及国内航班的转机乘客提供更大的方便,还有铁路连接两个机场及首尔地铁5号线提供服务。

希思罗机场

希思罗机场是英国最大的航空港,世界大型航空港之一。它位于伦敦市西郊,距市区23千米。占地1 100万平方米,建有2条跑道,其长度分别为3902米和3658米,可供大型飞机起降。候机楼为廊道式,年起降飞机超过47万架次,年客流量约8000万人次。航空港设有先进的指挥调度系统,有精密的通信导航设施,可以适应不良的天气条件下飞机升降。各种附属设施齐全,方便旅客和有关人员的停留、中转与工作、生活。航空港外有方便的市内交通,利于旅客的集中与疏散。

巴黎夏尔·戴高乐机场

巴黎夏尔·戴高乐机场是世界最大的机场之一,在巴黎市东北郊,离市中心25千米,以法国第一任总统夏尔·戴高乐的名字命名。巴黎夏尔·戴高乐机场建于1966年至1974年,总建筑师是保罗·安德鲁。机场占地约3257万平方米,设计高峰容量为每小时起降班机150架次,客运量可达7600万人次。机场有三座候机楼,分别供国际和国内旅客使用。整个候机楼为钢筋混凝土结构,外观浑厚和谐,不施多余装饰,内部装修简洁明快,色彩鲜艳。该机场1号候机楼布局高度集中。它的圆形平面和双层环行车道便于大量旅客进出候机楼。在圆形平面周围设置7个独立的卫星登机厅和约40座可伸缩的登机桥,解决了大量旅客只由一座候机楼接待起降飞机的难题。缺点是旅客在候机楼内行

单元组成一个弧形的单元组。候机楼内侧是车道，外面两侧是机坪。这种布置形式缩短了旅客由车道边到登机口的距离和离港进港的路线。但是，也相应带来各单元之间的联系困难，以及纵向水平交通和问讯系统随之复杂化等问题。

法兰克福机场

法兰克福机场位于德国法兰克福，它是德国最大的机场，是全球各国际航班重要的集散中心。直到 2005 年底，机场的南部一直都是自 1936 年以来美国重要的空军基地——莱茵 - 美因空军基地。法兰克福机场占地面积 21 平方千米，设有两座航站楼，有 4 条跑道。2019 年，该机场在国际大型枢纽机场中排名第二。该机场每年接待的旅客数量大约达到 8 500 万人次。

法国巴黎夏尔·戴高乐机场的候机厅

动路线复杂，离港、进港和转运层之间的自动步道交叉跨越圆形平面中心的天井，缺乏一目了然的方向感。转运层至卫星登机厅之间的自动步道长达 170 米，虽然楼内有许多路标，还设置了广播、问讯系统，仍不免使旅客迷惑、焦急。巴黎夏尔·戴高乐机场 2 号候机楼供国内航线使用，采取分散的单元式布置。每个单元担负某一航班旅客乘飞机的全部程序，每 6 个这样的

空中鸟瞰法兰克福机场

纽约约翰·菲茨杰拉德·肯尼迪国际机场

纽约约翰·菲茨杰拉德·肯尼迪国际机场是纽约市的主要国际机场,也是全世界最大机场之一,位于纽约皇后区牙买加湾之滨,距离纽约市 27 千米,是世界上最繁忙的机场之一。截至 2021 年 3 月,该机场共有 6 座在运营的航站楼,分别为 T1、T2、T4、T5、T7 和 T8 航站楼,T3 和 T6 航站楼分别于 2013 年和 2011 年拆除。约翰·菲茨杰拉德·肯尼迪国际机场是原美国西北航空公司和原美国大陆航空公司的总部,机场由纽约与新泽西港口管理局运营,管理局同时还管理拉瓜迪亚机场、纽瓦克国际机场等大纽约都会区的机场。机场于 1942 年始建,1948 年 7 月 1 日首次有商业航班,

纽约约翰·菲茨杰拉德·肯尼迪国际机场候机楼

并于同年 7 月 31 日正式命名为"纽约国际机场"。1963 年 11 月 22 日美国总统约翰·肯尼迪遇刺身亡,同年 12 月 24 日机场改名为"约翰·菲茨杰拉德·肯尼迪国际机场"以纪念这位总统。随后,机场的国际航空运输协会机场代码更新为 JFK。1998 年开始建设的轻轨机场捷运系统 AirTrain JFK 于 2003 年 12 月 17

俯瞰纽约约翰·菲茨杰拉德·肯尼迪国际机场

阿姆斯特丹史基浦机场一角

日开通使用，与纽约地铁及长岛铁路相连。

阿姆斯特丹史基浦机场

　　阿姆斯特丹史基浦机场是著名的国际航空枢纽港，是欧洲相当重要的空中门户，也是世界最有效率、最便捷的机场之一。阿姆斯特丹史基浦机场不仅是荷兰皇家航空公司的飞航基地，更是其他百余家航空公司的重要据点。2018年，该机场共完成旅客吞吐量约7 100万人次，货邮吞吐量约170万吨，均居欧洲第三位。阿姆斯特丹史基浦机场拥有电子导向网络、自动传送系统、综合配套设施等先进设施，把空港的建设与海运、陆运网络建设有机联系起来。机场靠近出海运河，连着高速公路，机场广场下面是地铁车站，乘地铁可直达连接欧洲铁路网的阿姆斯特丹中心火车站，在这里每隔10多分钟就有一列从荷兰开往欧洲各国的国际列车。该机场还有一个可容纳约3.8万辆汽车的停车场。

鸟瞰阿姆斯特丹史基浦机场

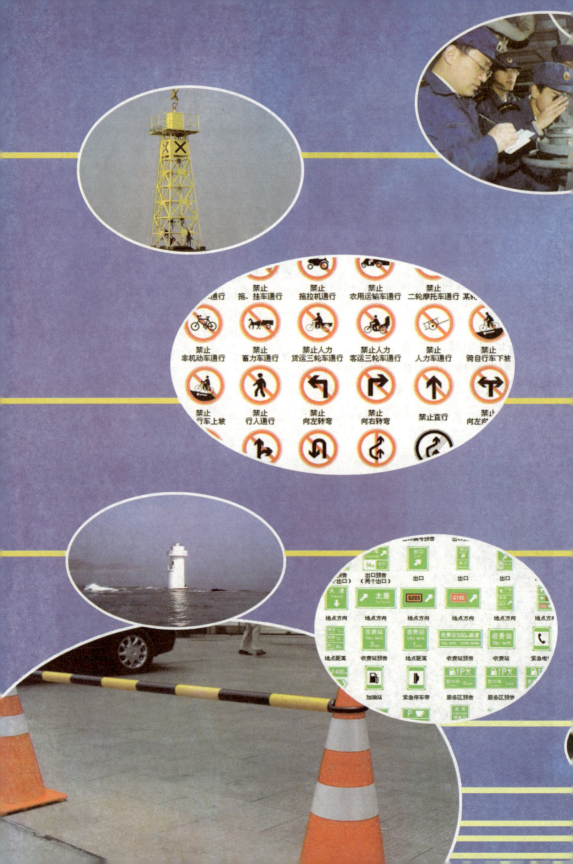

第三章　交通管理

　　交通管理是指对道路上的车辆和行人进行的引导、组织和限制。交通管理的目的是使交通尽可能安全、畅通、公害小、能耗少。交通管理有以下五条基本原则：交通分离原则，交通流量均分原则，交通连续原则，按速度划分车道原则，优先权原则。交通管理的方法主要有三类。一是采取工程技术管理措施，如设置标线和交通标志，设计交通自动控制系统，规划专用车行道、单向车行道，选用安全设施，等等。二是制定、执行交通法规，建立车辆监理机构，进行法制管理。三是广泛开展教育与培训。

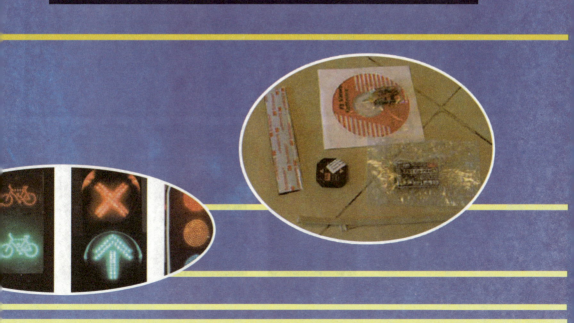

交通信号

交通信号在道路上用于传送交通管理信息的光、电波、声音和动作等。交通信号有交通信号灯、交通标志、交通标线和交通警察的指挥。交通信号的作用是给互相冲突的交通流分配有效的通行权，使交通流运行安全和延迟最短。道路交通常用的信号为手势信号和灯光信号。前者是通过交通管理人员的手臂动作显示的，后者是通过交通信号灯显示的。世界上普遍采用的是红、黄、绿三色信号灯。在1968年联合国《道路交通和道路标志、信号协定》中对各种信号灯的含义做了规定。绿灯是通行信号，面对绿灯的车辆可以直行、右转弯和左转弯，另有标志禁止某一转向的除外；红灯是禁行信号，面对红灯的车辆须在停车线后停车；黄灯是警告信号，面对黄灯的车辆不能越过停车线，如已十分接近停车线而不能安全停车时，可以进入道路交叉口。有的国家规定黄灯可以与红灯同时出现，此时黄灯为预告信号。道路交叉口的信号灯多为自动控制，可分为点控制、线控制和面控制。点控制是在单个道路交叉口安装信号机控制信号周期和绿信比。信号周期是信号灯的红、黄、绿灯各显示一次的时间；绿信比是信号灯某方向的绿、黄灯显示时间和信号周期之比。线控制是将一条道路上几个交叉口的信号灯联系起来，它们的信号周期一致，实行互相关联的自动控制。面控制是对城市道路网上若干个相邻交叉口的信号灯，用计算机进行集中统一控制，使之协调运转。

交通信号灯

交通信号灯

道路交通信号灯是交通安全产品中的一个类别,是为了加强道路交通管理,减少交通事故的发生,提高道路使用效率,改善交通状况的一种重要工具。它适用于十字、丁字等交叉路口,由道路交通信号控制机控制,指导车辆和行人安全有序地通行。交通信号灯的种类有:机动车道信号灯、人行横道信号灯、非机动车道信号灯、方向指示信号灯、移动式交通信号灯、太阳能闪光警告信号灯、收费站天棚信号灯等。

交通标志

交通标志是指用文字、符号传递引导、限制、警告、指示信息的道路设施,又称道路标志、道路交通标志,是实施交通管理,保证道路交通顺畅、安全的重要措施。交通标志有多种类型,可用各种方式区分为主要标志和辅助标志,照明标志、发光标志和反光标志,可变信息标志。主要标志有4种:①指示标志,用以指示车辆和行人按规定方向、地点行驶。②警告标志,用以警告驾驶员注意前方路段存在危险和必须采取的措施,如预告前方是道路交叉口、道路转弯、铁路道口、可能落石路段等。③禁令标志,对车辆加以禁止或限制的标志,如禁止通行、禁止停车、禁止左转弯、禁止鸣喇叭、限制速度、限制重量等。④指路标志,用以指示市、镇、村的境界、目的地的方向和距离、高速公路出入口、著名地点所在地等。辅助标志不能单独设立,要附在主要标志上起补充说明的作用,如表示车辆种类、时间、区间范围、距离等。照明标志用光源照明以显示标志图案。发光标志是用荧光材料制成的标志。反光标志用透明树脂、玻璃微珠、反光金属等材料制成反光膜,当被汽车大灯照射时,即可将光线定向反射回去,使驾驶员在夜间能看清标志。可变信息标志储存有多种信息,控制人员可根据公路上发生的情况,通过遥控装置手动或自动显示其中的某种信息。公路上的行车环境常会因天气、自然灾害、交通事故等原因而发生变化,可变信息标志可将情况及时反映出来。

指示标志

指示标志是指示车辆、行人行进的标志。它的颜色为蓝底、白图形,形状有圆形、长方形和正方形。

直行标志

表示一切车辆只准直行。设在应直行的路口以前适当位置。

向左转弯标志

表示一切车辆只准向左转弯。设在车辆必须向左转弯的路口以前适当位置。

向右转弯标志

表示一切车辆只准向右转弯。设在车辆必须向右转弯的路口以前适当位置。

直行和向左转弯标志

表示一切车辆只准直行和向左转弯。设在车辆应直行和向左转弯的路口的适当位置。

● 交通信号灯

直行和向右转弯标志

表示一切车辆只准直行和向右转弯。设在车辆必须直行和向右转弯的路口以前适当位置。

向左和向右转弯标志

表示一切车辆只准向左和向右转弯。设在车辆应向左和向右转弯的路口以前适当位置。

靠右侧道路行驶标志

表示一切车辆只准靠右侧行驶。设在车辆应靠右侧道路行驶的地方。

靠左侧道路行驶标志

表示一切车辆只准靠左侧行驶。设在车辆应靠左侧道路行驶的地方。

立体交叉直行和左转弯行驶标志

表示一切车辆在立体交叉处可以直行和按图示路线左转弯行驶。设在立体交叉左转弯出口处适当位置。

立体交叉直行和右转弯行驶标志

表示一切车辆在立体交叉处可以直行和按图示路线右转弯行驶。设在立体交叉右转弯出口处适当位置。

环岛行驶标志

表示一切车辆只准靠右环行。设在环岛面向路口来车方向的适当位置。

步行标志

表示该段道路只供步行,任何车辆不准进入。设在步行街的两端。

鸣喇叭标志

表示机动车行至该标志处必须鸣喇叭,以提醒对向车辆驾驶人注意并减速慢行。

最低限速标志

表示机动车驶入前方道路的最低时速限制。设在高速公路或其他道路限速路段的起点及各立交入口后的适当位置。

单行路标志

表示该道路为单向行驶,已进入车辆应依标志指示方向行车。设在单行路入口起点处的适当位置。

路口优先通行标志

表示交叉口主要道路上车辆享有优先通行权利。设在交叉口主要道路的路口以前适当位置。

会车先行标志

表示车辆在会车时享有优先通行权利。设在有会车让行标志路端的另一端。

人行横道标志

表示该处为人行横道。设在人行横道两端适当位置。

车道行驶方向标志

表示车道的行驶方向。设在导向车道以前适当位置。

公交线路专用车道标志

表示该车道专供本线路行驶的公交车辆行驶。设在进入该车道的起点及各交叉口入口前适当位置。

机动车行驶标志

表示该道路只供机动车行驶。设在该道路的起点及交叉路口入口前适当位置。

机动车车道标志

表示该车道只供机动车行驶。设在该车道的起点及交叉路口和入口前适当位置。在标志无法正对车道时,可调整箭头方向,指向车道。

非机动车行驶标志

表示该道路只供非机动车行驶。设在非机动车行驶道路的起点及各交叉路口入口前适当位置。

非机动车车道标志

表示该车道只供非机动车行驶。设在

直行　　向左转弯　　向右转弯　　直行和向左转弯　　直行和向右转弯　　向左和向右转弯

靠右侧道路行驶　靠左侧道路行驶　立交直行和左转弯行驶　立交直行和右转弯行驶　环岛行驶　单行路（向左或向右）

单行路（直行）　步行　　鸣喇叭　　最低限速　　路口优先通行　　会车先行

人行横道　　右转车道　　直行车道　　直行和右转合用车道　　分向行驶车道　　公交线路专用车道

机动车车道　　机动车行驶　　非机动车行驶　　非机动车车道　　允许掉头

● 指示标志

该车道的起点及各交叉口入口前适当位置。在标志无法正对车道时,可调整箭头方向,指向车道。

允许掉头标志

表示该处允许机动车掉头。设在允许机动车掉头的地点。

警告标志

警告标志是警告车辆、行人注意前方危险的标志。警告标志的颜色为黄底、黑边、黑图形,形状为等边三角形或矩形,三角形的顶角向上。

十字交叉标志

除了基本形十字路口,还有部分变异的十字路口,如,五路交叉路口、变形十字路口、变形五路交叉路口等。五路以上的路口均按十字路口对待。

丁形交叉(右侧 T 形交叉)标志

T 形标志原则上设在与交叉口形状相符的道路上。右侧 T 形路口设在进入 T 形路口以前的适当位置。

丁形交叉(左侧 T 形交叉)标志

T 形标志原则上设在与交叉口形状相符的道路上。左侧 T 形路口设在进入 T 形路口以前的适当位置。

丁形交叉标志

T 形标志原则上设在与交叉口形状相符的道路上。设在进入 T 形路口以前的适当位置。

Y 形交叉标志

设在 Y 形路口以前的适当位置。

环形交叉标志

有的环形交叉路口，由于受线形限制或障碍物阻挡，此标志设在面对来车的路口的正面。

向左急弯路标志

设在左急转弯的道路前方的适当位置。

向右急弯路标志

设在右急转弯的道路前方的适当位置。

反向弯路标志

设在两个相邻的方向相反的弯路前的适当位置。

连续弯路标志

设在有连续三个以上弯路的道路以前的适当位置。

上陡坡标志

设在纵坡度在 7% 和市区纵坡度在大于 4% 的陡坡道路前的适当位置。

下陡坡标志

此标志设在纵坡度在 7% 和市区纵坡度在大于 4% 的陡坡道路前的适当位置。

两侧变窄标志

车行道两侧变窄主要指沿道路中心线对城缩窄的道路，此标志设在窄路以前的适当位置。

右侧变窄标志

车行道右侧缩窄。此标志设在窄路以前的适当位置。

左侧变窄标志

车行道左侧缩窄。此标志设在窄路以前的适当位置。

窄桥标志

设在桥面宽度小于路面宽度的窄桥以前的适当位置。

双向交通标志

双向行驶的道路上，采用天然的或人工的隔离措施，把上、下行交通完全分离，由于某种原因(施工、桥、隧道)形成无隔离的双向车道时，须设置此标志。

注意行人标志

一般设在郊外道路上划有人行横道的前方。城市道路上因人行横道线较多，可根据实际需要设置。

注意儿童标志

设在小学、幼儿园、少年宫、儿童游乐场等儿童频繁出入的场所或通道处。

注意牲畜标志

设在经常有牲畜活动的路段，特别是视线不良的路段前的适当位置。

注意信号灯标志

设在不易发现前方位信号灯控制的路口前的适当位置。

注意落石(左侧)标志

设在左侧有落石危险的傍山路段之前适当位置。

注意落石(右侧)标志

设在右侧有落石危险的傍山路段之前的适当位置。

注意横风标志

设在经常有很强的侧风并有必要引起注意的路段前的适当位置。

易滑标志

设在路面的摩擦系数不能满足相应行驶速度下要求紧急刹车距离的路段前的适当位置。行驶至此路段必须减速慢行。

傍山险路标志

设在山区地势险要路段（道路外侧位陡壁、悬崖危险的路段）以前的适当位置。

堤坝路标志

设在沿水库、湖泊、河流等堤坝路以前的适当位置。

村庄标志

设在不易发现前方有村庄或小城镇的路段以前的适当位置。

隧道标志

设在进入隧道前的适当位置。

渡口标志

设在汽车渡口以前的适当位置。特别是有的渡口地形较位复杂、道路条件较差，使用此标志能提醒驾驶员谨慎驾驶、注意安全。

驼峰桥标志

设在注意前方是拱度较大，不易发现对方来车，应靠右侧行驶并应减速慢行的路段。

路面不平标志

设在路面不平的路段以前的适当位置。

过水路面标志

设在过水路面或漫水桥路段前的适当位置。

有人看守铁路道口标志

设在不易发现的道口以前的适当位置。

无人看守铁路道口标志

设在道口以前的适当位置。

注意非机动车标志

设在混合行驶的道路并经常有非机动车横穿、出入的地点以前的适当位置。

事故易发路段标志

设在交通事故易发路段前的适当位置。

慢行标志

设在前方需要减速慢行的路段前的适当位置。

左右绕行标志

表示有障碍物，车辆应左右侧绕行，放置在路段前得适当位置。

左侧绕行标志

表示有障碍物，车辆应左侧绕行，放置在路段前的适当位置。

右侧绕行标志

表示有障碍物，车辆应右侧绕行，放置在路段前的适当位置。

施工标志

可作为临时标志设在施工路段以前的适当位置。

注意危险标志

设在其他警告标志不能包括的其他危险路段以前的适当位置。

斜杠符号（50米）标志

表示距无人看守铁路道口的距离为 50 米。

斜杠符号（100米）标志

表示距无人看守铁路道口的距离为 100 米。

斜杠符号（150米）标志

表示距无人看守铁路道口的距离为 150 米。

叉形符号标志

表示多股铁道与道路交叉设在无人看守铁路道口标志上端。

禁令标志

禁令标志是禁止或限制车辆、行人交通行为的标志。其颜色除个别标志外，为白底、红圈、红杠、黑图形，图形压杠。形状有圆形、八角形和顶角向下的等边三角形。

十字交叉

 T形交叉(右侧T形交叉)

 T形交叉(左侧T形交叉)

 T形交叉

Y型交叉

环型交叉

 向左急弯路

 向右急弯路

 反向弯路

 连续弯路

 上陡坡

 下陡坡

两侧变窄

右侧变窄

左侧变窄

 窄桥

 双向交通

 注意行人

 注意儿童

 注意牲畜

注意信号灯

 注意落石

 注意横风

 易滑

 傍山险路

 提坝路

 村庄

 隧道

 渡口

 驼峰桥

 路面不平

 过水路面

 有人看守铁路道口

 无人看守铁路道口

 叉形符号

 50米

 100米

 150米

斜杆符号

 注意非机动车

 事故易发路段

 慢行

 左右绕行

 左侧绕行

 右侧绕行

 施工

 注意危险

● 警告标志

禁止通行标志

表示禁止一切车辆和行人通行。设在禁止通行的道路入口附近。

禁止驶入标志

表示禁止一切车辆驶入。设在禁止驶入的路段入口明显之处。

禁止机动车驶入标志

表示禁止各类机动车驶入。设在禁止机动车驶入路段的入口处。

禁止载货汽车驶入标志

表示禁止载货机动车驶入。设在禁止载货汽车驶入路段的入口处。

禁止电动三轮车驶入标志

表示禁止电动三轮车驶入。设在禁止电动三轮车驶入路段的入口处。

禁止大型客车驶入标志

表示禁止大型客车驶入。设在禁止大型客车驶入路段的入口处。

禁止小型客车驶入标志

表示禁止小型客车驶入。设在禁止小型客车驶入路段的入口处。

禁止汽车拖、挂车驶入标志

表示禁止汽车拖、挂车驶入。设在禁止汽车拖、挂车驶入路段的入口处。

禁止拖拉机驶入标志

表示前方禁止各类拖拉机驶入。设在禁止各类拖拉机驶入路段的入口处。

禁止农用车驶入标志

表示禁止农用运输车驶入。设在禁止农用运输车驶入的路段入口处。

禁止摩托车驶入标志

表示禁止摩托车驶入。设在禁止摩托车驶入路段的入口处。

禁止某两种车辆驶入标志

表示禁止标志上所示的两种车辆驶入。设在禁止某两种车驶入路段的

入口处。

禁止非机动车进入标志

表示禁止各类非机动车进入。设在禁止非机动车进入路段的入口处。

禁止畜力车进入标志

表示禁止畜力车进入。设在禁止畜力车进入路段的入口处。

禁止人力货运三轮车进入标志

表示禁止人力货运三轮车进入。设在禁止人力货运三轮车进入路段的入口处。

禁止人力客运三轮车进入标志

表示禁止人力客运三轮车进入。设在禁止人力客运三轮车进入路段的入口处。

禁止人力车进入标志

表示禁止人力车进入。设在禁止人力车进入路段的入口处。

禁止骑自行车下坡标志

表示禁止骑自行车下坡通行。设在禁止骑自行车下坡通行路段的入口处。

禁止骑自行车上坡标志

表示禁止骑自行车上坡通行。设在禁止骑自行车上坡通行路段的入口处。

禁止行人进入标志

表示禁止行人进入。设在禁止行人进入的地方。

禁止向左转弯标志

表示前方路口禁止一切车辆向左转弯。设在禁止向左转弯的路口以前适当位置。

禁止向右转弯标志

表示前方路口禁止一切车辆向右转弯。设在禁止向右转弯的路口以前适当位置。

禁止直行标志

表示前方路口禁止一切车辆直行。设在禁止直行的路口以前适当位置。

禁止向左向右转弯标志

表示前方路口禁止一切车辆向左向右转弯。设在禁止向左向右转弯的路口以前适当位置。

禁止直行和向左转弯标志

表示前方路口禁止一切车辆直行和向左转弯。设在禁止直行和向左转弯的路口以前适当位置。

禁止直行和向右转弯标志

表示前方路口禁止一切车辆直行和向右转弯。设在禁止直行和向右转弯的路口以前适当位置。

禁止掉头标志

表示禁止机动车掉头。设在禁止机动车掉头路段的起点和路口以前适当位置。

禁止超车标志

表示该标志至前方解除禁止超车标志的路段内，不允许机动车超车。设在禁止超车路段的起点。

解除禁止超车标志

表示禁止超车路段结束。设在禁止超车路段的终点。

禁止停止标志

表示在限定的范围内，禁止一切车辆停、放。设在禁止车辆停、放的地方。禁止车辆停放的时间、车种和范围可用辅助标志说明。

禁止长时停车标志

表示在限定的范围内，禁止一切车辆长时停放，临时停车不受限制。禁止车辆停放的时间、车种和范围可用辅助标志说明。

禁止鸣喇叭标志

表示禁止车辆鸣喇叭。设在需要禁止车辆鸣喇叭的地方。禁止鸣喇叭的时间和范围可用辅助标志说明。

限制宽度标志

表示禁止装载宽度超过标志所示数值的车辆通行。设在最大允许宽度受限制的地方。

限制高度标志

表示禁止装载高度超过标志所示数值的车辆通行。设在最大容许高度受限制的地方。

限制质量标志

表示禁止总质量超过标志所示数值的车辆通行。设在需要限制车辆质量的桥梁两端。

限制轴重标志

表示禁止轴重超过标志所示数值的车辆通行。设在需要限制车辆轴重的桥梁两端。

限制速度标志

表示该标志至前方解除限制速度标志或另一块不同限速值的限制速度标志的路段内，机动车行驶速度（单位为 km/h）不准超过标志所示数值。限制速度标志设在需要限制车辆速度的路段的起点。

解除限制速度标志

表示限制速度路段结束。设在限制车辆速度路段的终点。

停车检查标志

表示机动车应停车接受检查。设在需要机动车停车检查的地点。

停车让行标志

表示车辆应在停止线前停车瞭望，确认安全后，方可通行。停车让行标志在下列情况下设置：①与交通流量较大的干路平交的支路路口；②无人看守的铁路道口；③其他需要设置的地方。

减速让行标志

表示车辆应减速让行，告示车辆驾驶人应慢行或停车，观察干道行车情况，在确保干道车辆优先，确保安全的前提下，方可

禁止通行

禁止驶车

禁止
机动车驶入

禁止
载货汽车驶入

禁止
三轮汽车、低速货车驶入

禁止
大型客车驶入

禁止
小型客车通行

禁止
拖、挂车通行

禁止
拖拉机驶入

禁止
农用运输车通行

禁止
摩托车驶入

禁止
两种车驶入

禁止
非机动车进入

禁止
畜力车进入

禁止人力
货运三轮车进入

禁止人力
客运三轮车进入

禁止
人力车进入

禁止
骑自行车下坡

禁止
骑自行车上坡

禁止
行人进入

禁止
向左转弯

禁止
向右转弯

禁止直行

禁止
向左向右转弯

禁止
直行和向左转弯

禁止
直行和向右转弯

禁止掉头

禁止超车

解除
禁止超车

禁止停车

禁止
长时停车

禁止鸣喇叭

禁止宽度

限制高度

限制质量

限制轴重

限制速度

解除限制速度

停车检查

停车让行

减速让行

会车让行

● 禁令标志

137

进入路口。设于交叉口次要道路路口。

会车让行标志

表示车辆会车时，应停车让对方车先行。设置在会车有困难的狭窄路段的一端或双向通行道路由于某种原因只能开放一条车道作双向通行，通行受限制的一端。

禁止运输危险物品车辆驶入标志

表示禁止运输危险物品车辆驶入。设在禁止运输危险物品车辆驶入路段的入口处。

指路标志

指路标志表示道路信息的指引，为驾驶者提供去往目的地所经过的道路、沿途相关城镇、重要公共设施、服务设施、地点、距离和行车方向等信息。指路标志的颜色，除特别说明外，一般道路指路标志为蓝底、白图形、白边框、蓝色衬边。指路标志的形状，除个别标志外，为长方形和正方形。

辅助标志

凡主标志无法完整表达或指示其规定时，为维护行车安全与交通畅通的需要，应设置辅助标志。辅助标志的颜色为白底、黑字、黑边框。它安装在主标志的下面，它的种类有以下5种.

（1）表示时间。凡在一定的时间内禁止或限制车辆通行的，必须表示明确的禁限时间，如主标志为禁止货运机动车通行，辅标志为7时至19时，即表示禁限的时间，其他时间可以通行。

（2）表示车辆种类属性。如，在禁止机动车通行的标志下，辅助标志写上公共汽车除外，即表示公共汽车允许通行，其他车辆不得通行。

（3）表示方向。根据需要，对禁令或指示标志规定方向路段。根据需要，对指

路标志表示指路标志所指公路、地点、设施的方向。

（4）表示区域或距离。例如：禁止鸣喇叭，标志下面写上"四环路以内"字样，即表示四环路内禁止鸣喇叭；有的禁止停车标志牌下面，辅助标志写有"向前、向后50米内"，即表示前后50米均不得停车。

（5）表示警告、禁令理由。例如，有的禁止车辆驶入的主标志下面，安装一个写有"塌方"字样的辅助标志，即表示禁止驶入的理由。

通标线

交通标线，是由各种标线、箭头、文字、标记等元素构成的交通安全设施，它分别发挥着规范机动车与非机动车分道、直行车与转弯车变道、车辆与行人各行其道等作用。我国现行的交通标线共有17种，它们的名称和作用分别是：①可跨越对向车行道中心线。为黄色虚线，作用是分隔对向行驶的交通流。②可跨越同向车行道分界线。白色虚线，用来分隔同向行驶的交通流。③车行道边缘线。白色，用来表明车道边线。④停止线。白色，表示车辆等候放行信号，或停车让行的停车位置。⑤减速让行线。白色，表示车辆必须减速让行。⑥人行横道线。白色条纹。⑦导流线。白色，表示车辆需按规定的路线行驶，不得轧线越线。⑧车行道宽度渐变段标线。与中心线一致。⑨接近路面障碍物标线。颜色与中心线一致，表示车辆须绕过路面障碍物行驶。⑩停车标线。白色实线，表示车辆停放位置。⑪港湾式停靠站标线。白色，表示车辆通向专门的分离引道和停靠位置。⑫出入口标线。白色，是为驶入或驶出匝道车辆提供安全交会，减少突出部位碰撞的标线。⑬导向箭头。白色箭

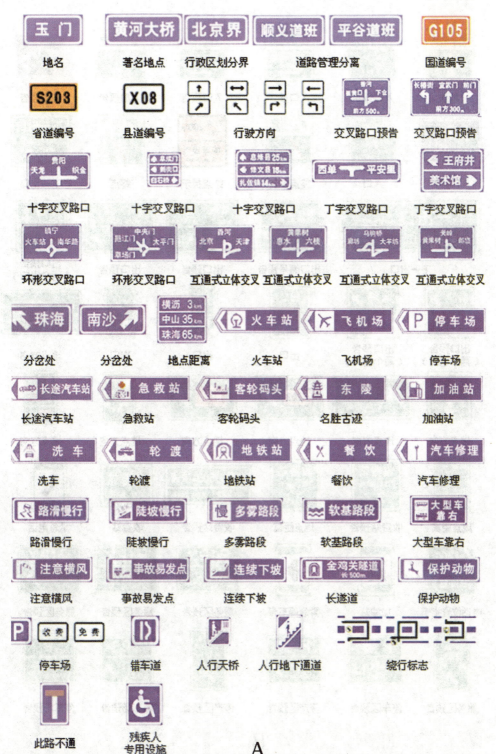

玉门
地名

黄河大桥
著名地点

北京界
行政区划分界

顺义道班　平谷道班
道路管理分离

G105
国道编号

S203
省道编号

X08
县道编号

行驶方向

交叉路口预告

交叉路口预告

十字交叉路口

十字交叉路口

十字交叉路口

丁字交叉路口

丁字交叉路口

环形交叉路口

环形交叉路口

互通式立体交叉

互通式立体交叉

互通式立体交叉

互通式立体交叉

珠海
分岔处

南沙
分岔处

地点距离

火车站

飞机场

停车场

长途汽车站

急救站

客轮码头

名胜古迹

加油站

洗车

轮渡

地铁站

餐饮

汽车修理

路滑慢行

陡坡慢行

多雾路段

软基路段

大型车靠右

注意横风

事故易发点

连续下坡

长隧道

保护动物

停车场

错车道

人行天桥

人行地下通道

绕行标志

此路不通

残疾人
专用设施

A

起点	入口预告	入口预告	入口预告	入口预告	入口预告
入口预告	入口	终点预告	终点提示	终点	下一出口
下一出口	出口编号预告	出口预告	出口预告	出口预告（两个出口）	
出口预告（两个出口）	出口预告（两个出口）	出口	出口	出口	地点方向
地点方向	地点方向	地点方向	地点方向	地点方向	地点方向
地点距离	收费站预告	地点距离	收费站预告	收费站	紧急电话
电话位置指示	加油站	紧急停车带	服务区预告	服务区预告	服务区预告
服务区预告	停车区预告	停产区预告	停产区预告	停车场预告	停车场预告

B

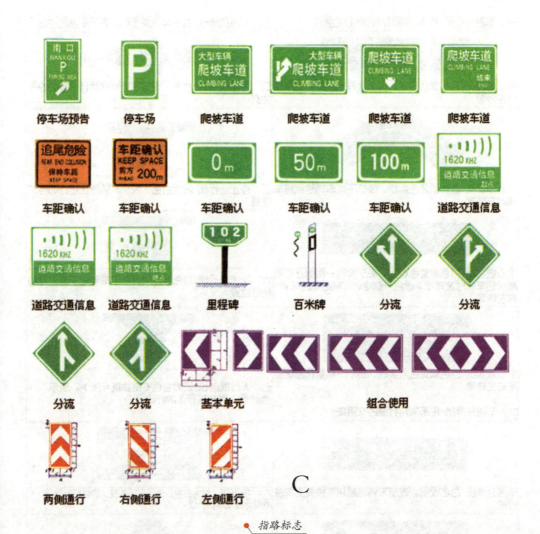

停车场预告　停车场　爬坡车道　爬坡车道　爬坡车道　爬坡车道

车距确认　车距确认　车距确认　车距确认　车距确认　道路交通信息

道路交通信息　道路交通信息　里程碑　百米牌　分流　分流

分流　分流　基本单元　组合使用

C

两侧通行　右侧通行　左侧通行

● 指路标志

头实线,用以引导行车方向。⑭导向道线。黄色实线,划在路口停车线以外,用以标明导向车道。⑮导流带。白色条纹带,划在畸形路口或路面,用来分导车流。⑯路面文字标记。黄色,用以指示或限制车辆行驶标记。⑰禁停线。黄色网状条纹,一般用于重要单位、部门前,禁止车辆在内停放。

一、车道中心线 用来分隔对向行驶的交通流	三、车道边缘线 白色实线或虚线。表示车道的边线
中心虚线 白色或黄色虚线。表示准许车辆越线超车或向左转弯	四、停止线 线为白色、表示车辆等候放行信号的停车位置
中心单实线 白色或黄色实线。表示不准车辆越线超车或向左转弯	五、停止让行线 线为白色、表示车辆停止让行的停车位置
中心虚实线 白色或黄色虚线。表示实线一侧禁止车辆越线超车或向左转弯，虚线一侧准许车辆越线超车或向左转弯	六、减速让行线 白色双虚线。表示车辆让干路先行的让行位置
中心双实线 白色或黄色双实线。表示严格禁止越线超车或左转弯	七、人行横道线 线为白色（俗称斑马线）。表示准许行人横穿车行道的标线
二、车道分界线 用来同向行驶的交通流	
车道分界线 白色虚线。表示车辆跨越超车或变更车道行驶	八、导流线 线为白色、表示车辆按规定的线路行驶，不得压线或越线行驶
导向车道线 白色或黄色单实线。表示不准车辆变更车道行驶线	中心圈，区分车辆大小、小转弯

交通标线

水路交通的管理

航标

　　航标是指供船舶定位、导航或者用于其他专用目的的助航设施，包括视觉航标、无线电导航设施和音响航标等，是保障水上交通安全的最基本设施。航标对支持水上交通运输、海洋开发、渔业捕捞、国防建设和维护国家主权均起着重要作用。水运事业发展初期，船舶仅以天然目标来估计船位和助航。随着水运事业逐步发展，天然航标不能满足船舶安全航行的需要，人类就在沿海和内河的显著山头和岛屿上建造宝塔、守望台、土丘、石柱、木柱等指引船舶白昼航行，夜间设置灯光助航。我国有几千年文明史，是最早把航标用在沿海和内河船舶助航的国家之一。文字记载，人类最早使用的航标是灯塔。公元前285 年，埃及人在亚历山大港附近的法罗斯岛上建造了法罗斯灯塔。随着水运事业的发展，各国相继使用了浮标和其他航标。1921 年，无线电指向标首次安装在美国的 Ambrose 灯船和纽约港入口处；台卡和罗兰A 无线电导航系统于 1945 年开

始使用；雷达应答器于 1950 年开始使用；子午仪卫星导航系统于 1960 年开始使用。航标能源随着水运事业的发展也有了

● 坪牛屿灯桩

● 江北导流坝灯桩

143

很大发展。早期使用火柴,之后使用煤炭,动、植物油,石油,煤气,乙炔气,电能(普遍使用电能是在1920年以后)。现在,视觉航标、音响航标、无线电航标,以及航标能源都有了很大的发展,并已迈入航标自动化新的历史阶段。

陆标定位

陆标定位是根据已知陆上物标测定船位的方法,利用罗经、六分仪、测距仪或雷达等测定一个陆上物标的方位或距离,或测定两个物标的夹角,求出一条船位线。通常用两条或三条同时观测(紧接着的前后观测可视为同时)的船位线相交得出观测时的船位。常用的船位线有三种:①方位船位线。观测某一物标方位的等值线,就是从物标反向画出的直线。②距离船位线。观测某一物标距离的等值线,就是以该物标为中心,以等值线为半径的一段圆弧。③水平角船位线。观测两物标水平夹角的等值线,就是两物标和测者的一段圆弧。常用的陆标定位方法有二方位定位、三方位定位、三标两水平角定位、方位距离定位、双距离定位等。不同时观测的船位线可按照前、后观测时间间隔内的航迹推算,将船位线移到同一时刻相交,称为移线定位。

船用导航雷达

船用导航雷达是保障船舶航行的雷达,也称航海雷达。它特别适用于黑夜、雾天引导船只出入海湾、通过窄水道和沿海航行,主要起航行防撞作用。船上装备雷达始自第二次世界大战期间,战后逐渐扩大到民用商船。国际海事组织规定,1 600吨位以上的船

只必须装备导航雷达。导航雷达的一项重要任务是目标标绘,这项任务正逐渐改由自动雷达标绘装置来执行。国际海事组织还规定所有1万吨位以上的船只逐步装设这种装置。适应航海环境的雷达,须能自动输入船舶自身的航速和航向,数据必须相当准确。第二次世界大战以后,微波航海雷达的基本结构并无很大的改变,磁控管发射机、高灵敏度接收机、双工器、天线和显示器的工作原理均与以前的相同,但性能和可靠性已经得到改进。20世纪60年代后期,科学家利用小型计算机研制成功自动雷达目标跟踪和估算系统,它能处理

日本 ICOM 航海雷达

美国蓝岭舰的对海搜索及导航雷达天线

雷达视频电压,检测和跟踪目标,测量船舶与目标之间的相对运动,预计目标未来的运动和最接近点,协助驾驶人员采取回避动作。导航雷达和自动雷达标绘装置是航海领域内的重要设备,也是引导船舶出入港口和窄水道的必要设备。

航海信号

国际航海信号是指各国船舶间为了沟通联络,按国际协议统一使用的信号。国际信号规则包括各种通信方式程序、遇难求救信号、国际信号简谱等。航海信号包括船舶通信信号、无线电通信、数字通信、卫星通信、避碰信号、声响和灯光信号、国际信号旗、帆船竞赛信号旗等。船舶通信信号是指视觉信号在视觉范围内,用肉眼(或借助望远镜)接收信号的一种通信方式。视觉通信包括手旗或手臂通信(用两面手旗以各种不同角度、部位表示字母和符号进行通信)、旗号通信(以各种不同式样和颜色的挂旗表示字母、数字和某种特定意义的通信)、灯光通信(灯光通信器材以各种不同长短闪光表示字母、数字、勤务符号来进行通信)、烟火通信(用燃烧发光或发烟进行通信)、形体通信(以圆形、锥形、圆桶、布板、旗子等表示特殊意义的信号进行通信)和音响通信(用汽笛、传声筒、扩音器和炮声等音响器材来表示预定的信号和通信)等。无线电通信是利用电波在空中传播的方式将书面消息编成电码并远距离传递的通信方式。数字通信是传送离散数字信号的通信方式,即把原始的消息转化成简单的数字形式再进行传送的通信方式。卫星通信是利用人造卫星作为中继站来转发无线电波,在两个或多个地面站之间所进行的通信,它具有通信距离远、覆盖面积大、通信容量大、机动灵活性强、传播稳定可靠、通信质量高和易于多址连接等优点。避碰信号是指驾驶人员进行识别和确定来船种类、动态及其与本船相对位置的依据。《1972年国际海上避碰规则公约》规定了不同种类的船舶在各种动态时必须显示的号灯和号型。只有正确地观察和判断,才能采取正确的避让措施。各类船舶应显示的号灯、号型,以及"船舶""机动船""在航"等名词,规则都做了明确的规定。声响和灯光信号是指船舶在互见和能见度不良情况下,应释放的各种声号和灯光信号,以表示传播的动态和种类、警告或提醒来船注意的信号。国际信号旗一套共40面,其中26面字母旗,10面数字旗,3面代字旗与1面回答旗。帆船竞赛信号旗,系由这些信号旗单用或配合其他特殊规定旗号的组合使用。

● 信号兵用国际灯光信号传达命令

● 澳大利亚首都堪培拉军舰上的国际信号旗

空中飞行器的管理

飞机导航系统

　　飞机导航系统是确定飞机的位置并引导飞机按预定航线飞行的整套设备（包括飞机上的和地面上的设备）。早期的飞机主要靠目视导航。20世纪20年代开始发展仪表导航，飞机上有了简单的仪表，靠人工计算得出飞机当时的位置。20世纪30年代出现无线电导航，首先使用的是中波四航道无线电信标和无线电罗盘。20世纪40年代初，开始研制超短波的伏尔导航系统和仪表着陆系统。20世纪50年代，初惯性导航系统用于飞机导航。20世纪50年代末，出现多普勒导航系统。20世纪60年代，开始使用远程无线电罗兰C导航系统，作用距离达到2 000千米。为满足军事上的需要还研制出塔康导航系统，后又出现伏尔塔克导航系统及超远程的奥米加导航系统，作用距离已达到10 000千米。1963年出现卫星导航，20世纪70年代以后发展成全球定位导航系统，导航的关键在于确定飞机的瞬时位置。确定飞机位置有三种方法。飞机导航系统依工作原理的不同可分为多种，具体如下。

仪表导航系统

　　仪表导航系统是利用飞机上简单仪表所提供的数据，通过人工计算得出各种导航参数。这些仪表是空速表、磁罗盘、航向

陀螺仪和高度表等。后来，人工计算发展为自动计算而有了自动领航仪，各种简单仪表也逐渐发展成为航向姿态系统和大气数据计算机等。

无线电导航系统

　　无线电导航系统利用地面无线电导航台和飞机上的无线电导航设备对飞机进行定位和引导。无线电导航系统按所测定的

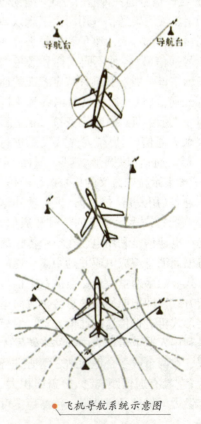

飞机导航系统示意图

导航参数分为五类:测角系统、测距系统、测距差系统、测角测距系统、测速系统。作用距离在 400 千米以内的为近程无线电导航系统，达到数千千米的为远程无线电导航系统,1 万千米以上的为超远程无线电导航系统和全球定位导航系统。全球定位导航则借助于导航卫星。此外,利用定向和下滑无线电信标可组成仪表着陆系统。

惯性导航系统

惯性导航系统利用安装在惯性平台上的 3 个加速度计测出飞机沿互相垂直的 3 个方向上的加速度，由计算机将加速度信号对时间进行一次和二次积分，得出飞机沿 3 个方向的速度和位移，从而能连续地给出飞机的空间位置。测量加速度也可不采用惯性平台,而把加速度计直接装在机体上，再把航向系统和姿态系统提供的信号一并输入计算机,计算出飞机的速度和位移,这就是捷联式惯性导航系统。

天文导航系统

天文导航系统以天体为基准,通过观测天体信息来确定飞行器的运动参数,以实现导航功能。

组合导航系统

由以上几种导航系统组合起来所构成的性能更为完善的导航系统。

飞行参数记录器

飞行参数记录器是飞行器中用以记录多种飞行信息的仪器,俗称黑匣子。飞行参数记录器所记录的信息主要用于事故分析、视情维修、飞行试验等。世界上很多国家都规定民航飞机必须安装供事故分析用的飞行记录器,它可记录飞机失事前 30 分钟内飞机的飞行高度、速度、航向、俯仰姿态、机内对话和时间等数据,为分析事故原因提供依据。供视情维修、飞行试验的记录

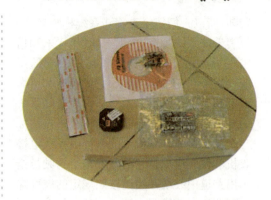

FSFR90 飞行记录器

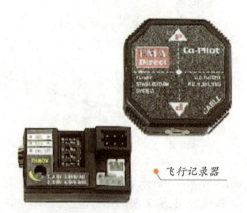

飞行记录器

器则按任务要求和飞机类型而定。飞行试验是飞行器研制和理论研究中的重要试验手段。飞行试验中的数据除了一部分靠无线电遥测发回地面,其余均用飞行记录器记载下来,供分析研究。飞行参数纪录器有刻箔式、光学示波器式、摄影式和磁带式等。磁带记录器记录容量大、精度高,易于与数字计算机接口进行自动数据处理。为了保证安全回收,飞行参数记录器要求耐撞击、密封、耐高温等,更有特别严格的技术要求和苛刻的环境要求。

仪表着陆系统

仪表着陆系统的俗称是盲降。因为仪表着陆系统能在低天气标准或飞行员看不到任何目视参考的情况下,引导飞机进近

着陆，所以人们把仪表着陆系统称为盲降。仪表着陆系统是在 20 世纪 40 年代末和精密进近雷达几乎同时发展起来的着陆系统。到 20 世纪 60 年代末，它的精度和可靠性都超过了精密雷达系统。仪表着陆系统的地面系统由航向台、下滑台和指点信标三个部分组成。飞机上的系统由无线电接收机和仪表组成，它的任务是给驾驶员指示出跑道中心线并给出按照规定的坡度降落到跑道上的航路。

航向台

航向台是一个甚高频发射台，位于跑道中心线的延长线上，通常距跑道

后航道，飞机通常都使用前航道降落，在特定情况下（如风向不利），也可以用后航道降落。

下滑台

航向台提供了飞机下降时的水平导航（航向导航），下滑台向飞机提供垂直导航，下滑台

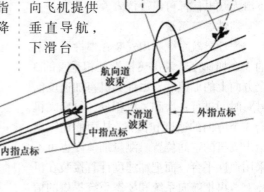

仪表着陆系统示意图

端 300 米 ~ 500 米。它发射两个等强度的无线电波束，称为航向信标波束，使用的频率为 108 兆赫 ~ 111.95 兆赫，两个波束分布在沿跑道中心线的两侧，使用两种调幅频率，左侧是 90 赫兹调幅，右侧是 150 赫兹调幅。飞机的接收机收到 90 赫兹的电波强于 150 赫兹电波时，表明飞机在跑道左侧，表上指针指向右，飞机要向右调整。反之，收到 150 赫兹的电波强于 90 赫兹时，飞机应向左调整。如果收到的两个电波强度相等，飞机上的仪表着陆系统的仪表指针指在正中，说明飞机飞在跑道中心线向上延伸的垂直平面上，飞机可沿着波束方向准确地在跑道中线上着陆。信标波束作用距离为 25 海里，在 10 海里距离内是一个与水平成 3° 上仰的很窄的波束。航向台发射的波束在天线的背面也能收到，但比正面要弱，天线正面的叫前航道，背面叫

在跑道一侧 152.4 米，离跑道的进近端 304.8 米，它使用的频率在 325 兆赫 ~ 329 兆赫之间，和航向台的波束相似。下滑道信标波束也是两个强度相等的波束，分布在与地平面成 3° 角的下滑道的上、下两侧，在下滑道上侧以 90 赫兹调幅，在下滑道下侧用 150 赫兹调幅。飞机下降坡高于下滑道，则 90 赫兹的电波强，仪表指针向下，驾驶员使飞机机头向下。反之，如 150 赫兹电波强，飞机则应升高。当两束电波强度相当，飞机则保持正常的 3° 坡度下降，平稳地降在跑道上。

指点信标

为了使驾驶员在降落时准确知道飞机所在位置，仪表着陆系统一般设置三个指点信标，使用 75 兆赫电波，每个信标信号有自己的编码。外指点标距跑道端 5 海里，飞机飞越它时，驾驶舱内相应的蓝灯闪亮

并有 400 赫兹的声音信号；中指点标的位置距跑道端 0.5 海里，飞机飞越它上空时琥珀色的灯闪亮，并有 1 300 赫兹的声音信号提醒驾驶员注意，这时飞行的高度约为 60 米；内指点标的位置离跑道端只有 300 米，飞机通过它时高度只有 30 米，这是二类仪表着陆的决断高度，通过时驾驶舱的白灯闪亮并有 3 000 赫兹声音警告信号。

微波着陆系统

由于空中流量的迅速增加，仪表着陆

MLS–801 微波着陆系统
外场测试设备

上海虹桥国际机场的飞机跑道

系统在地形要求上、飞机进入下滑道的时间上，以及波段频率的分配上对流量的增大都有限制。20 世纪 70 年代开发了微波着陆系统；国际民航组织也推荐这一系统，作为 20 世纪 90 年代末逐步取代当时的仪表着陆系统的标准系统。20 世纪 80 年代末，在北美和欧洲已经有微波着陆系统投入使用。微波着陆系统使用超高频波段，不易受干扰，而且频道数目为仪表着陆系统的 5 倍。它的组成部分与仪表着陆系统类似。它的方位发射机发射相当于仪表着陆系统中的航向道波束，以确定飞机的横向位置。它的高度发射机发射出相当于仪表着陆系统中的下滑道波束的垂直导航波束，驾驶员可选择的下滑坡度范围为 3°～15°。同时，微波着陆系统使用精密测距仪为驾驶员提供准确的距离信号，以取代仪表着陆系统的指点标系统。